轨道交通工程监理指南系列丛书

丛书主编：王洪东　黄威然　谢小兵　王　虹　魏康林　刘献忠　简　锋　辜思达
丛书主审：米晋生　王　晖　钟长平

轨道交通工程监理指南
轨道工程篇

主　编：沈学贵　帅小兵　邹先科
副主编：王枫梅　赵　荣　金宏章

中国建筑工业出版社

图书在版编目（CIP）数据

轨道交通工程监理指南.轨道工程篇/沈学贵，帅小兵，邹先科主编.—北京：中国建筑工业出版社，2020.11

（轨道交通工程监理指南系列丛书/王洪东等主编）

ISBN 978-7-112-24615-1

Ⅰ.①轨… Ⅱ.①沈…②帅…③邹… Ⅲ.①地下铁道—轨道（铁路）—工程施工—监理工作—指南 Ⅳ.①U231-62

中国版本图书馆CIP数据核字（2020）第022511号

责任编辑：姚丹宁
文字编辑：刘颖超
责任校对：赵 菲

轨道交通工程监理指南系列丛书
丛书主编：王洪东 黄威然 谢小兵 王 虹
　　　　　魏康林 刘献忠 简 锋 辜思达
丛书主审：米晋生 王 晖 钟长平

轨道交通工程监理指南 轨道工程篇

主　编：沈学贵 帅小兵 邹先科
副主编：王枫梅 赵 荣 金宏章

*

中国建筑工业出版社出版、发行（北京海淀三里河路9号）
各地新华书店、建筑书店经销
北京点击世代文化传媒有限公司制版
北京圣夫亚美印刷有限公司印刷

*

开本：787毫米×1092毫米 1/16 印张：10 字数：204千字
2021年3月第一版 2021年3月第一次印刷
定价：**49.00**元
ISBN 978-7-112-24615-1
　　　（35334）

版权所有　翻印必究
如有印装质量问题，可寄本社图书出版中心退换
（邮政编码 100037）

编委会

丛书主编： 王洪东　黄威然　谢小兵　王　虹
　　　　　　魏康林　刘献忠　简　锋　辜思达

丛书主审： 米晋生　王　晖　钟长平

本书主编： 沈学贵　帅小兵　邹先科

本书副主编： 王枫梅　赵　荣　金宏章

本书编委：（排名不分先后）
　　　　　　谢海南　安江涛　何颖豪　王一卓
　　　　　　江　山　吴爱生　谢　童　贺小玲
　　　　　　陈丹莲　林旭红　金喜柱　成　彬

主编单位： 广州轨道交通建设监理有限公司

编著者简介

沈学贵　主编
高级工程师，国家注册监理工程师证、注册造价工程师证、注册咨询工程师证，广州轨道交通建设监理有限公司南宁分公司总经理

帅小兵　主编
高级工程师，国家注册监理工程师证、注册安全工程师，广州轨道交通建设监理有限公司项目总监

邹先科　主编
高级工程师，国家注册监理工程师证，广州轨道交通建设监理有限公司南京分公司总经理

王枫梅　副主编
高级工程师，国家注册监理工程师证、注册安全工程师，广州轨道交通建设监理有限公司项目总监

赵　荣　副主编
高级工程师，国家注册监理工程师证，广州轨道交通建设监理有限公司项目总监

金宏章　副主编
高级工程师，国家注册监理工程师证，广州轨道交通建设监理有限公司项目总监

序

2020年春，在中国全民抗击"新冠"肺炎疫情之际，我陆续收到了广州轨道交通建设监理公司同行们编写的"轨道交通工程监理指南系列丛书"研究成果初稿，这些成果令我们这些早期参与过、主持过广州地铁建设的老同事倍感欣慰，研究成果说明他们在地铁工程管理和技术上已逐步走向成熟，其扎扎实实的科学专研精神非常值得学习与尊重。

广州轨道交通建设监理有限公司成立于1996年，经过二十多年的积累和沉淀，培养了一批又一批技术人才，坚持以老带新，不断壮大。他们坚持"建设一条线，总结一条线，提升一条线"，陆续出版了《复合地层中的盾构施工技术》《盾构施工监理指南》《广州地铁三号线盾构隧道工程施工技术研究》和《地铁盾构施工风险源及典型事故的研究》等多本盾构施工技术专著。今又对公司多年的监理业务进行了系统总结，提炼编著出"轨道交通工程监理指南系列丛书"。

丛书涉及地铁工程建设中的主要专业与工法，包括盾构工程、明挖工程、矿山法隧道工程、高架工程、顶管工程、轨道工程、机电工程等。丛书按专业类别编写，分期分批出版，力争成为国内外城市轨道交通建设监理工作中最有价值的工作指南。

轨道交通工程建设是一门涉及多专业、多工种的综合性建设工程，工程建设周边环境复杂、管线众多、地质多变、施工工艺多样化、接口量大，工程建设风险大。丛书的作者们是一群勤奋的有心人，他们二十年如一日地坚守在轨道交通建设工程中，不断学习、积累经验、总结与提升。大道至简，书中每个工法的总结都体现了他们对规范的理解、对风险的把控、对细节的钻研，值得大家精读。

如果说，抗击"新冠"肺炎疫情，白衣天使们是逆行者。那么，疫情期间还在一线从事监理工作的工程师们就是轨道交通行业的逆行者！作为他们的老同事，我感谢他们的辛勤劳动，并对他们取得的成绩深表祝贺！希望他们能坚持不懈地把这项工作做下去，期待着他们的新成果尽快与大家见面。

希望这套丛书能为从事城市轨道交通建设的工程技术和管理人员提供借鉴和指导。

让我们共同为中国轨道交通事业高质量的发展做出应有的贡献。

竺维彬*

2020年4月

---

* 竺维彬，教授级高级工程师，国务院特殊津贴专家，广州市人民政府国有资产监督管理委员会专职外部董事，原广州地铁集团有限公司常务副总经理。

前　言

城市轨道交通具有轴重轻、运营速度低、行车密度大、牵引力分散、全程距离短和运营单一的特征，这些运营特征将决定着轨道结构类型；城市轨道交通的建设是百年大计，对轨道交通的轨道结构类型的选择要根据各城市沿线的不同地区，不同的环境要求进行确定。

广州轨道交通建设监理有限公司成立于1996年（原广州地铁工程建设监理有限公司），长期专注于轨道交通和地下工程建设，对轨道交通工程各工法、各专业具有丰富的管理经验。公司自2010年进入轨道交通工程轨道工程施工管理领域，先后服务于南京、西安、深圳、广州、南宁等多个城市轨道工程施工监理，熟悉国内城市轨道交通轨道工程有关的钢轨、有砟轨道和无砟轨道的结构形式和组成，对道岔、无缝线路、轨道结构等施工监理质量控制积累了丰富经验。

公司近年来集中力量收集、整理了广州地铁建设二十多年来积累的监理工作经验和教训，编写了内部使用的"地铁工程监理工作指南系列丛书"，汇集了我司目前监理项目使用的主要监理工作报表作为案例以供参考。本书的出版筹划正是源于2016年我司内部刊行的《地铁工程监理工作指南（轨道工程篇）》，根据我司参与数十项轨道工程施工管理的实践和总结，结合现行的规范、规程以及政府和行业对地下工程建设的管理规定，编写了《轨道交通工程监理指南　轨道工程篇》，重点提出了事前、事中、事后的监理控制要点，以及所需的施工相关检查报表及记录，为轨道工程施工的精细化监理管理提供了参考，可供其他工程技术人员借鉴。

本书主要从工程监理的角度来阐述轨道工程施工监理的工作方法和流程，全书共分10章：第1章地铁铺轨工程监理要点；第2章一般整体道床施工监理控制要点；第3章碎石道床施工监理控制要点；第4章钢弹簧浮置板整体道床施工监理控制要点；第5章可调式框架板整体道床施工监理控制要点；第6章减振垫浮置板整体道床施工监理控制要点；第 7 章整体道床道岔施工监理控制要点；第 8 章碎石道床（木枕、混凝土枕）道岔施工监理控制要点；第 9 章库内线道床施工监理控制要点；第 10 章无缝线路（焊轨、应力放散及锁定）施工监理控制要点。

本书在编写过程中得到了监理公司领导和现场员工的大力支持与协助，监理公司前技术顾问鞠世健多次指导并提出了许多宝贵建议。本书也得到广州地铁新线建设各参建方的大力支持，同时参考了行业规范的相关内容，在此一并衷心地感谢为本书提供支持、指导和帮助的领导和技术人员。

因轨道工程施工是一项很复杂的技术，其理论和技术都有待于进一步提高，加之作者的水平有限及时间仓促，本书虽经多次讨论和修改，难免还会存在错漏和不妥之处，敬请读者批评指正。

目 录

序
前 言

第1章 地铁铺轨工程监理要点　　001

1.1 轨道工程主要内容　　001
1.1.1 钢轨　　001
1.1.2 扣件　　001
1.1.3 轨枕　　002
1.1.4 道岔　　002
1.1.5 道床　　003
1.1.6 轨道安全设备及附属设备　　004

1.2 工程划分和验收标准　　005
1.3 分部、分项工程划分　　005
1.4 正线整体道床施工工艺流程　　007
1.5 施工测量监理要点　　008
1.5.1 交接控制桩　　008
1.5.2 审查人员资格及仪器设备　　008
1.5.3 审核首级控制点复测方案、作业过程及复测成果　　008
1.5.4 审查加密控制测量方案并参与复测　　008
1.5.5 审查测量方案，复核放样精度　　008
1.5.6 审核测量资料　　008
1.5.7 检校仪器　　009
1.5.8 铺轨基标的测设、方法、流程及限差要求的监理要点　　009

1.6 轨排安装施工监理要点　　010
1.6.1 基底处理　　010

	1.6.2	铺轨龙门吊	011
	1.6.3	轨道安装	011
1.7	混凝土道床施工监理要点		012
	1.7.1	模板工程监理要点	012
	1.7.2	钢筋工程监理要点	013
	1.7.3	混凝土工程监理要点	014
1.8	钢轨焊接无缝线路施工监理要点		015
	1.8.1	钢轨焊接	015
	1.8.2	钢轨探伤监理	018
	1.8.3	无缝线路施工监理方法	018
1.9	有砟道床钢轨铺设监理要点		020
1.10	道岔施工监理要点		021
	1.10.1	检查顺序	021
	1.10.2	检查位置	022
	1.10.3	检查支距	022
	1.10.4	检查道岔爬行	022
	1.10.5	检查岔后的连接曲线正矢	022
	1.10.6	质量标准	022
1.11	相关检查表		023

第 2 章　一般整体道床施工监理控制要点　　026

2.1	一般整体道床施工监理控制要点		026
	2.1.1	一般整体道床施工工艺流程	026
	2.1.2	一般整体道床工序控制点	027
2.2	一般整体道床施工监理过程控制		027
	2.2.1	事前质量控制	028
	2.2.2	事中质量控制	029
	2.2.3	事后质量控制	039
2.3	现场见证点		042
2.4	一般整体道床施工相关检查表		042
	2.4.1	相关检查记录	042
	2.4.2	检验批质量验收记录	042

第3章　碎石道床施工监理控制要点　　043

3.1　碎石道床施工监理控制要点　　043
- 3.1.1　碎石道床施工工艺流程　　043
- 3.1.2　碎石道床工序控制点　　044

3.2　碎石道床施工监理过程控制　　044
- 3.2.1　事前质量控制　　044
- 3.2.2　事中质量控制　　045
- 3.2.3　事后质量控制　　049

3.3　监理旁站点　　050
3.4　现场见证点　　050
3.5　碎石道床施工相关检查表　　051

第4章　钢弹簧浮置板整体道床施工监理控制要点　　052

4.1　钢弹簧浮置板整体道床施工监理控制要点　　052
- 4.1.1　钢弹簧浮置板整体道床施工工艺流程　　052
- 4.1.2　钢弹簧浮置板整体道床工序控制点　　053

4.2　钢弹簧浮置板整体道床道岔施工监理过程控制　　054
- 4.2.1　事前质量控制　　054
- 4.2.2　事中质量控制　　056
- 4.2.3　事后质量控制　　062

4.3　监理旁站点　　063
4.4　现场见证点　　065
4.5　整体道床道岔施工相关检查表　　065
- 4.5.1　相关检查记录　　065
- 4.5.2　检验批质量验收记录　　065

第5章　可调式框架板整体道床施工监理控制要点　　066

5.1　可调式框架板整体道床施工监理控制要点　　066
- 5.1.1　可调式框架板整体道床施工工艺流程　　066
- 5.1.2　可调式框架板整体道床工序控制点　　067

5.2　可调式框架板整体道床施工监理过程控制　　068

	5.2.1	事前质量控制	068
	5.2.2	事中质量控制	071
	5.2.3	事后质量控制	076
5.3	监理旁站点		077
5.4	现场见证点		079
5.5	可调式框架板整体道床施工相关检查表		079
	5.5.1	相关检查记录	079
	5.5.2	检验批质量验收记录	079

第 6 章　减振垫浮置板整体道床施工监理控制要点　080

6.1	减振垫浮置板整体道床施工监理控制要点		080
	6.1.1	减振垫浮置板整体道床施工工艺流程	080
	6.1.2	减振垫浮置板整体道床工序控制点	081
6.2	减振垫浮置板整体道床道岔施工监理过程控制		082
	6.2.1	事前质量控制	082
	6.2.2	事中质量控制	083
	6.2.3	事后质量控制	091
6.3	监理旁站点		092
6.4	现场见证点		093
6.5	减振浮置板整体道床施工相关检查表		093
	6.5.1	相关检查记录	093
	6.5.2	检验批质量验收记录	094

第 7 章　整体道床道岔施工监理控制要点　095

7.1	整体道床道岔施工监理控制要点		095
	7.1.1	整体道床道岔施工工艺流程	095
	7.1.2	整体道床道岔工序控制点	096
7.2	整体道床道岔施工监理过程控制		096
	7.2.1	事前质量控制	096
	7.2.2	事中质量控制	098
	7.2.3	事后质量控制	104
7.3	监理旁站点		105

7.4	现场见证点	106
7.5	整体道床道岔施工相关检查表	107
	7.5.1 相关检查记录	107
	7.5.2 检验批质量验收记录	107

第 8 章　碎石道床（木枕、混凝土枕）道岔施工监理控制要点　108

8.1	碎石道床道岔施工监理控制要点	108
	8.1.1 碎石道床道岔施工工艺流程	108
	8.1.2 碎石道床道岔工序控制点	108
8.2	碎石道床道岔施工监理过程控制	109
	8.2.1 事前质量控制	109
	8.2.2 事中质量控制	110
	8.2.3 事后质量控制	112
8.3	碎石道床道岔施工相关检查表	113

第 9 章　库内线道床施工监理控制要点　114

9.1	库内线道床施工监理控制要点	114
	9.1.1 库内线一般整体道床基层二灰碎石施工工艺流程	114
	9.1.2 库内线一般整体道床混凝土垫层施工工艺流程	114
	9.1.3 库内线整体道床施工工艺流程	115
	9.1.4 库内线立柱式检查坑道床施工工艺流程	116
	9.1.5 库内线墙式检查坑整体道床施工工艺流程	117
	9.1.6 库内线道床工序控制点	118
9.2	库内线道床施工监理过程控制	119
	9.2.1 事前质量控制	119
	9.2.2 事中质量控制	120
	9.2.3 事后质量控制	127
9.3	监理旁站点	128
9.4	现场见证点	130
9.5	库内线道床施工相关检查表	130
	9.5.1 相关检查记录	130
	9.5.2 检验批质量验收记录	130

第 10 章 无缝线路（焊轨、应力放散及锁定）施工监理控制要点 　131

10.1 无缝线路施工监理控制要点 　131
10.1.1 无缝线路焊轨工艺流程 　131
10.1.2 无缝线路应力放散和锁定工艺流程 　132
10.1.3 无缝线路施工工序控制点 　132

10.2 无缝线路施工监理过程控制 　133
10.2.1 事前质量控制 　134
10.2.2 事中质量控制 　135
10.2.3 事后质量控制 　140
10.2.4 无缝线路监理验收检查控制标准 　142

10.3 监理旁站点 　142

10.4 现场见证点 　144

10.5 无缝线路施工相关检查表 　144

第1章
地铁铺轨工程监理要点

本章执笔：沈学贵　金喜柱　陈丹莲

1.1 轨道工程主要内容

轨道是地铁线路组成的重要部分，一般所说的轨道包括钢轨、扣件、轨枕、道岔、道床、轨道安全设备及附属设施等组成。轨道作为一个整体性的工程结构铺设于地铁隧道下部基础之上，在列车运行中起着导向作用，同时直接承受列车运行过程中的荷载。在列车荷载的作用下，轨道的各组成部分必须有足够的强度、刚度和稳定性，保证列车在设计时速内安全、平稳地运行。

1.1.1 钢轨

钢轨是轨道结构重要组成部分之一，其主要功能是引导车辆行驶，并将所承受的荷载传递给道床。钢轨受力包括轮载作用下的弯曲应力、轮轨接触应力以及温度变化作用下的温度应力和列车启动制动力等。钢轨的型号、材质不同，其受力状态不同，产生的压缩、伸长、弯曲、扭转、压溃、磨耗等变形程度也不同，因此钢轨应该有足够的强度、韧性、耐磨性、耐腐蚀性和必要的弹性。

一般来讲，我国地铁工程中钢轨选型主要从两个方面考虑：一是钢轨型号的选择；二是钢轨材质的选择。近年来，国内地铁工程正线、出入段线和试车线普遍采用60kg/m钢轨，车辆段和停车场采用50kg/m钢轨。50 kg/m钢轨与60kg/m钢轨之间采用50~60kg/m异型钢轨进行连接。

1.1.2 扣件

扣件是联结钢轨与轨枕或其他轨下基础的重要部件，其主要作用是保持钢轨与轨下基础的可靠连接，阻止钢轨的纵横向移动，防止钢轨倾翻，并为轨道结构提供一定的弹性。因此，扣件应满足以下要求：足够的强度、扣压力和耐久性；良好的弹性；充足的调整能力；一定的减振降噪能力；良好的绝缘性能，以减少杂散电流；标准化、通用性和经济性能好。

根据不同的联结方式，扣件可分为分开式扣件和不分开式扣件，根据不同的扣压方式，扣件可分为有螺栓扣件和无螺栓扣件。

扣件的类型应根据地铁工程的特点和不同的轨道类型来选择，以充分发挥扣件的性能。目前，地铁工程正线普遍采用弹条分开式扣件，只有车辆段或停车场碎石道床采用不分开式扣件。

1.1.3 轨枕

轨枕是轨道结构的重要组成部分之一，一般横向铺设在钢轨下的道床上，承受来自扣件的荷载，并将荷载均匀地传布于道床，同时有效地保持轨道的几何尺寸，特别是轨距和方向。轨枕应具有必要的强度、弹性和耐久性，便于固定钢轨，具有抵抗纵向和横向位移的能力。

轨枕按其构造及铺设方法分为横向轨枕、纵向轨枕及短枕等。横向轨枕与钢轨垂直间隔铺设，是一种最常见的轨枕。纵向轨枕一般用于特殊道床地段。短枕是在左右两股钢轨下分开铺设的轨枕，常用于整体道床。轨枕按其材质主要有木枕、混凝土枕和钢枕。

在地铁工程施工中，主要采用混凝土轨枕，特殊线路采用合成枕。

1. 木枕

木枕又称枕木，是轨道工程最早采用而且至今仍被使用的一种轨枕。主要优点是弹性好，易加工、运输、铺设，养护维修方便，与钢轨连接比较简单，具有较好的绝缘性能等。但木枕要消耗大量优质木材，由于资源有限，其价格较贵。木枕的主要缺点是易腐朽、磨损，使用寿命短；其次是由于木材种类和部位不同，其强度、弹性不完全一致，在列车荷载作用下会造成轨道不平顺。

2. 混凝土枕

随着技术的发展，木枕逐步被混凝土枕所代替。混凝土枕材料来源广，并能保证尺寸精度，是轨道弹性均匀，提高了轨道的稳定性。混凝土枕不受气候、腐朽、虫蛀及火灾的影响，使用寿命长。此外，混凝土枕还具有较高的道床阻力，对提高无缝线路的横向稳定性十分有利。

目前，地铁工程施工中常用的混凝土枕有混凝土短枕、混凝土长枕、双块式轨枕、新Ⅱ型枕和预应力混凝土岔枕等。

1.1.4 道岔

道岔是用于列车从一股轨道转入或越过另一轨道时必不可少的线路设备，是轨道的一个重要组成部分。由于道岔具有零件数量多、构造复杂、使用寿命短、限制列车速度，养护维修投入大等特点，与曲线、接头并称为轨道的三大薄弱环节。

常用的道岔有单开道岔和交渡道岔，交叉方式有垂直交叉和菱形交叉，连接方式与交叉方式的组合有交分道岔和交叉渡线等。

单开道岔按钢轨类型分类，有 60kg/m、50kg/m、43kg/m 钢轨单开道岔。单开道岔按道岔号码分类，有 6、7、9、12、18、24、30、38 号等，在地铁工程中以 9 号和 12 号最为常用，在侧线通过高速列车的地段，则需铺设 18 号和 24 号等大号码道岔。道岔号码 N 按其所用的辙叉角 α 的余切计，即 $\cot\alpha$。按道岔平面形式分类，主要有直线尖轨直线辙叉单开道岔、曲线尖轨直线辙叉单开道岔和曲线尖轨曲线辙叉单开道岔等。按转辙器结构形式分类，有普通钢轨断面和特种钢轨断面的单开道岔、间隔铁式和可弯式单开道岔。按辙叉结构形式，单开道岔的分类，有固定型和可动心轨型。单开道岔按岔枕类型分类，有木岔枕道岔、合成树脂枕道岔和混凝土岔枕道岔。目前，广泛使用的是混凝土岔枕道岔和合成树脂枕道岔。

道岔一般设计原则：

（1）正线上道岔的钢轨类型应与正线的钢轨类型一致。

（2）相邻道岔间插入短钢轨的最小长度应符合相关规范和设计图纸规定。

（3）正线、辅助线和试车线应采用不小于 9 号的各类道岔，车场线咽喉区应采用不大于 7 号的各类道岔，且宜采用 AT 尖轨、高锰钢辙叉和可调式护轨。

（4）隧道内和高架桥上的道岔区宜采用整体道床，车场线道岔宜采用碎石道床。

1.1.5 道床

1. 整体道床

根据地铁工程特点以及运营维护需求，在地铁工程多采用以混凝土代替散体道砟的轨道结构，即整体道床。相比碎石道床，整体道床具有高平顺、高稳定和少维修的优点。其作用主要是承受来自轨枕的压力并均匀地传递到基础上；可提供轨道的纵横向阻力，保持轨道的稳定；可减缓和吸收轮轨的冲击和振动；可提供良好的排水性能，以提高基础的承载能力及减少道岔病害，便于轨道养护维修作业。

鉴于整体道床具有维修量少、轨道高度低且结构整体性能强、稳定性好等特点，整体道床作为地下线轨道结构首选道床形式，在国内外已基本达成共识。其中，整体道床形式主要有混凝土长枕整体道床、混凝土短枕整体道床和双块式轨枕整体道床。

（1）混凝土长枕整体道床，是将预应力混凝土长轨枕埋在整体道床内，道床纵向钢筋贯穿轨枕，现场灌注混凝土形成整体道床。长轨枕为预应力混凝土轨枕，在工厂预制，长度 2.1m，轨枕混凝土强度等级为 C60，道床混凝土强度等级为 C30，纵向排水沟设在两侧。

（2）混凝土短轨枕整体道床，实际上是在原无枕整体灌注式道床基础上的一种改良后的整体道床结构，为方便施工及保证施工精度，它是将预制好的短轨枕埋入混凝土整体道床内，形成一个整体结构。短轨枕采用工厂或基地预制，轨枕不设轨底坡，混凝土强度等级为C50，底部外露钢筋钩，以加强与现浇道床混凝土的连接，道床表面设有1%～3%的横向排水坡度。

（3）双块式轨枕整体道床，由钢轨、扣件、双块式轨枕、道床板及支承层/底座组成。该结构用桁架式钢筋连接两根短轨枕，在现场与道床板结构钢筋直接绑扎或直接嵌入混凝土底座，既简化了轨枕结构，又提高了结构的整体性。双块式轨枕较短轨枕可以更好地控制轨底坡，同时由于轨枕中标是桁架式钢筋，避免了混凝土长枕道床易出现的道床空洞等问题。

2. 减振道床

在地铁建设过程中，由于需要穿越人口密集的区域，而列车行驶时产生的振动和噪声会不同程度影响人们的正常生活及工作。如何降低地铁产生的噪声一直是困扰地铁工程建设的难题，越来越多的减振措施也因此得到了发展。根据不同的减振等级，地铁工程减振降噪措施大概可分为中等减振、高等减振和特殊减振。不同减振道床的施工方式各不相同，中等减振以减振扣件道床为代表，高等减振以减振垫浮置板为代表，特殊减振又以浮置板道床为代表。

3. 场段线常用道床

（1）立柱式检查坑整体道床为无枕式轨道结构，是直接在钢筋混凝土立柱里预埋螺纹套管进行锚固于立柱道床中，横、纵向锚固间距按立柱间距同步布置。

（2）库内一般地段整体道床为短轨枕式整体道床，该段轨道结构高度为500mm，道床混凝土强度等级为C30。整体道床每隔6m应设道床伸缩缝，伸缩缝宽20mm，以沥青木板形成，上部以沥青麻筋封顶，在基础的结构伸缩缝和沉降缝处均应设置道床伸缩缝。

（3）壁式检查坑整体道床为短轨枕式整体道床，是将预制好的短轨枕埋入混凝土整体道床，形成一个整体结构，主要设置于停车场或车辆段内，用于车辆、设备检修和列车调试等。

1.1.6　轨道安全设备及附属设备

1. 车挡

（1）车挡是设置于线路末端，防止列车冲出轨道到一种线路附属设备。目前，国内地铁采用的车挡主要有固定式和缓冲滑动式，新型车挡还有液压缓冲滑动式。

缓冲滑动式车挡技术先进，结构合理，能有效地消耗列车动能，不损坏车辆和车挡，确保人身安全。国内早先已运营地铁工程大部分采用了这种车挡，该车挡具有结构简单等优点。当列车以规定速度撞击后，车挡能滑动一段距离，能有效地消耗列车的能量，一般情况下能保障地铁车辆及人身安全。为了减小车挡占用线路长度，国内有关机构研制开发了新型的长行程液压车挡，这种车挡的制动力曲线变化平缓，并具有自动复位、事故报警及记录等功能,可大大缩短事故处理及恢复运营通车的时间,但由于液压油缸等关键设备需进口,故造价较高,一般仅在线路长度受到严格限制的地段采用。

(2)车辆段和停车场线路末端一般采用框架式固定车挡和月牙式车挡。车辆在库内失控撞击车挡的概率非常低,设置车挡主要是为了防止意外溜车,在库内低速情况下即使发生意外撞击,对车辆的损坏程度也很轻。

2. 标识牌

标识牌是为了行车安全和工务人员维修方便而设置的一种线路附属设施。

(1)地铁轨道工程宜应设下列标识:

线路标识:百米标、坡度标、曲线要素标、曲线始终点标、道岔标号标、水准基点标等。

信号标识:限速标、停车位置标、警冲标等。

(2)百米标、坡度标、限速标、停车位置标、警冲标等标识,宜采用反光材料制作。警冲标设在两设备限界相交处,其余标识安装在行车方向右侧司机易见的位置上。

3. 防脱护轨

一般在高架桥地段需安装防脱护轨。防脱护轨的工作原理是当一侧车轮轮缘将要上轨顶面时,同一轮对的另一侧车轮的轮背与护轨接触,促使要爬轨的车轮恢复到正常位置,防止列车脱轨。防护护轨一般安装在行车方向的右侧。

1.2 工程划分和验收标准

地铁轨道工程划分和验收标准主要参照《铁路轨道工程施工质量验收标准》TB 10413—2018 的规定,并结合《地下铁道工程施工质量验收标准》GB/T 50299—2018 的规定和地铁工程特点进行划分。正线轨道根据线路长短一般划分为 1~2 个单位工程,车辆段或停车场轨道工程划分为独立的单位工程。

1.3 分部、分项工程划分

轨道工程分部工程、分项工程检验批划分如表 1-1 所示。

轨道工程分部工程、分项工程检验批划分表　　　　表 1-1

分部工程	分项工程	检验批
线路基标	基标测设	正线每个区间、车场线每股道
普通无砟道床轨道	轨排铺设	500m
	道床模板	500m
	道床钢筋	500m

续表

分部工程	分项工程	检验批
普通无砟道床轨道	道床混凝土	500m
钢弹簧浮置板道床轨道	基底模板	200m
	基底钢筋	200m
	基底混凝土	200m
	隔离层铺设	200m
	轨排铺设	200m
	道床模板	200m
	道床钢筋	200m
	道床混凝土	200m
	浮置板顶升	200m
减振垫浮置板道床轨道	基底模板	200m
	基底钢筋	200m
	基底混凝土	200m
	减振垫铺设	200m
	轨排铺设	200m
	道床模板	200m
	道床钢筋	200m
	道床混凝土	200m
梯形（纵向）轨枕道床轨道	轨排铺设	200m
	道床模板	200m
	道床钢筋	200m
	道床混凝土	200m
有砟轨道	铺轨前铺砟	1km
	铺轨、铺砟	1km
	上砟整道	1km
无砟道岔	道岔组装铺设	每组
	道床模板	每组
	道床钢筋	每组
	道床混凝土	每组
有砟道岔	铺砟	每组
	道岔组装铺设	每组
	上砟整道	每组
钢轨伸缩调节器	钢轨伸缩调节器组装铺设	每组
	道床模板	每组
	道床钢筋	每组
	道床混凝土	每组

续表

分部工程	分项工程	检验批
无缝线路	工地钢轨焊接	每个区间
	线路锁定	单元轨节
	轨道整理	每个区间
有缝线路	轨道整理	正线每个区间、车场线每股道
轨道安全设备及附属设备	防脱护轨安装	每处
	车挡	每处
	线路及信号标志	每个区间

注：1. 同类道床形式连续长度不足一个检验批数量的，应按一个检验批验收。
2. 检验批长度均按单线计算。
3. 本表仅说明一般可以这样划分，也可根据实际情况调整。

下面将根据轨道工程的划分内容并结合施工过程，有重点有主次地叙述铺轨工程的监理要点。

1.4 正线整体道床施工工艺流程

地铁正线整体道床设计在隧道内或者高架上，作业面相对狭小，不易使用大型机械，因此地铁整体道床的施工方法通常使用人工散铺法和轨排法。人工散铺法铺轨效率低，劳动生产成本高，已经不再作为施工整体道床的主要手段；轨排法使用小型机械，满足作业面要求，提高了劳动生产率，是现阶段的主要施工方法。

整体道床轨排法施工工艺是一种直接铺设整体道床无缝线路轨道的新工艺，适用范围是短支撑块式整体道床。整体道床轨排法施工工艺流程如图1-1所示。

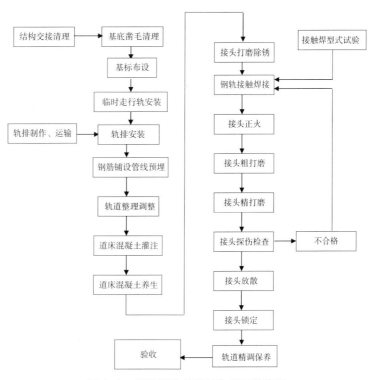

图1-1 整体道床轨排法施工工艺流程

1.5 施工测量监理要点

1.5.1 交接控制桩

参与业主测监中心（或业主测量队）主持的对承包商进行交接控制点的工作，并签署交接桩文件，备份相关文件，确保精度是否满足要求。

为满足放样点点位精度，洞内控制导线应按四等导线检测，角度按方向观测四测回（Ⅰ级全站仪），检测角与原有角度差值一般应小于 ±3.5″，限差应小于 ±7″；边长测量（2mm+2ppm 全站仪）应加入仪器加、乘常数改正和气象（温度、气压）改正，往返测取其平均值检测长度与原一手资料的可靠性。

1.5.2 审查人员资格及仪器设备

审查承包商测量人员资格及仪器设备，督促承包商建立健全测量机构保证体系。

1.5.3 审核首级控制点复测方案、作业过程及复测成果

审核承包商的首级控制点复测方案、作业过程及复测成果，检查承包商对控制点的保护措施，要求承包商对控制点进行阶段性复核以确保可靠使用。

在测设铺轨基标前，首先要对业主方交付的洞内施工控制导线和水准点，以 1~2 个区间为单元进行检测或复测，确认点位无误和有长度的差值应小于 ±7mm；对附和导线（两端闭合到施工时的陀螺仪定向边）的方位角闭合差应小于 $±5″\sqrt{n}$（n 为导线角的个数），全长相对闭合差小于 1/35000。对水准点的复测，高差闭合差应小于 $±8\sqrt{L}$（L 为水准点间的长度，以 km 计）。

1.5.4 审查加密控制测量方案并参与复测

审查承包商的加密控制测量方案，跟踪承包商的测量过程，抽检控制点的测量数据，检查加密点的成果资料，并参与测监中心审定与复测。

1.5.5 审查测量方案，复核放样精度

审查承包商的线路定线测量方案，复核与抽检线路中线点的数据及放样精度。

1.5.6 审核测量资料

审核承包商提交的基标计算及测量成果资料，并参与测监中心审定与复测，作为轨道施工过程控制的技术依据。

铺轨基标分为控制基标、加密基标和道岔铺轨基标。铺轨基标一般设置在线路中线上（也可设置在线路中线的右侧）道岔铺轨基标一般设置在直股和曲股的两侧。控

制基标在直线上每 120m 设置一个，曲线上曲线元素点除了设置控制基标外，还应每 60m 设置一个；加密基标在直线上每隔 6m、曲线上每隔 5m 设置一个；道岔铺轨基标应包括单开道岔、交分道岔、交叉渡线道岔的铺轨基标。然后分别根据铺轨综合设计图、道岔铺轨设计图计算出各铺轨基标的平面坐标和桩顶高程资料。

桩顶高程（$H_基$）的确定：当采用矩形及马蹄形隧道时，为对应轨顶高程减去 255mm；当采用圆形隧道弹性短轨枕道床时，为对应轨顶高程减去 420mm；当采用普通短轨枕道床时，为对应轨顶高程减去 380mm。

对于基标设在中线外的情况，可参考基标距线路中线的距离：弹性短轨枕道床为 1.35m，普通短轨枕道床为 1.30m，浮置板道床为 1.45m 计算其平面坐标（这样铺好整体道床后可露出 8～10mm 高的铜标，方便后期铺轨拨轨使用）。为后续的放桩工作准备好基础数据。

1.5.7 检校仪器

要保证所需的测量精度，首先要使测量仪器（全站仪和水准仪）处于正常可靠的工作状态，除了定期检校外，在使用过程中还要经常做以下常规检校工作：

（1）全站仪的圆水准器、长水准器、视准轴偏差 2c、指标差、光学对中器等的检校；反射镜基座圆水准器、长水准器、光学对中器、觇标、对中杆圆水准器等的检校。

（2）水准仪的圆水准器、i 角误差、水准尺的圆水准器等的检校。

1.5.8 铺轨基标的测设、方法、流程及限差要求的监理要点

1. 初放铺轨基标桩位

根据洞内控制导线点、计算出的基标平面高程资料，放出基标桩位，测出其相应的地面高程，按"$H_基 - H_地 - 15mm$"（15mm 为考虑铜标高度和预留丝调整量而设）计算出基标埋桩高度，埋好桩供后面使用。此步测量用对中杆即可满足，并可提高作业效率。

2. 测设基标铜标埋设位置

在埋好基标桩后，根据洞内控制导线点和平面资料用极坐标放样的方法精确测出铜标埋设位置（铜标直径 10mm，要保证后面所放点位不会下桩），并画出铜标中心十字线，钻眼埋好铜标。铜标露出高度 12～15mm 为宜。

3. 精确调整铜标达到设计高程

铜标埋好后，依次测定其桩顶高程（两端附合到施工控制水准点上，通过严密平差计算出各点高程），算出各点调整量进行调整，然后再测定一次，对不满足要求的个别点再次调整即可。固定铜标，供后面放点使用。

4. 精确测设控制基标平面位置

在基标铜标埋设好且标高精确调到位的情况下即可进行控制基标的平面精确定位。

定位的方法采用极坐标放样的方法。置镜、后视检测合格的导线点，用盘左、盘右两次所定方向取中，再测距、移点即可得到所放点位，重复以上步骤逐个测设控制基标。需注意的是每次拨角都要重新后视，以保证放样精度；放样边长一般尽量不超过该处两控制点间长度的2/3，在置镜下一控制点时，对相邻的最后一个放样点重新测设一次，取两次分中结果，以保证很好的搭接。

5. 加密基标和道岔铺轨基标的测设

加密基标和道岔铺轨基标的测设是在控制基标检测合格的基础上进行的。测设方法同控制基标，只是其测设除了可依据导线点外，还可以依据控制基标。

6. 铺轨基标的的检测和限差要求

控制基标的检测：可置镜控制基标或导线点对两个或两个以上的控制基标用方向观测法测四测回进行夹角检测（或其左、右角各测二测回），距离检测应加仪器加、乘常数改正和气象（温度、气压）改正。各项限差应满足：

（1）控制基标：直线段控制基标间的夹角与180°较差应小于8″，实测距离与设计距离较差应小于10mm；曲线段控制基标间的夹角与设计值较差计算出的线路横向偏差应小于2mm，弦长测量值与设计值较差应小于5mm。在施工控制水准点间，应布设附合水准路线测定每个控制基标高程，其实测值与设计值较差应小于2mm。满足各项限差要求后，基标桩进行永久性固定。

（2）加密基标：直线加密基标应满足纵向6m±5mm，横向上加密基标偏离两控制基标间的方向线应小于2mm，高程上相邻加密基标实测高差与设计高差较差应小于1mm，每个加密基标的实测高程与设计高程较差应小于2mm。曲线加密基标平面上应满足纵向5m±5mm，横向上加密基标相对于控制基标的横向偏距应小于2mm，高程上的要求同直线加密基标。

（3）道岔铺轨基标：道岔铺轨基标与线路的距离和设计值较差应小于2mm，相邻道岔铺轨基标间距离与设计值较差应小于2mm，相邻道岔铺轨基标间的高差与设计值较差应小于1mm，其高程与设计值较差应小于2mm。以上铺轨基标经检测满足各项限差要求后，进行永久性固定，计算出对应处混凝土整体道床的灌注厚度、拨道、起道量等数据，交付施工和后期运营使用。

1.6 轨排安装施工监理要点

1.6.1 基底处理

1. 场地交接

要求从土建单位接过轨道施工场地时隧道内无渗漏、无积水。若隧道底板有渗漏情况，必须先把渗漏处理好。

2. 基底处理

隧道底板凿毛宽度和深度都为5mm，纵横距离不大于100mm的凹凸面（具体数据由相应设计文件确定），并清除松散细屑物和积水，以保证道床和基底良好衔接。监理需进行现场抽检、验收。

3. 质量检查

基底凿毛施工完毕由承包商质检人员检查合格后方能移交给下道工序施工。监理对承包商自检合格的工序进行现场确认，合格签署同意下道工序施工文件。

4. 注意事项

为防止将来道床与基底剥离病害的产生，保证混凝土整体道床与基底充分连接，为此，基底凿毛处理按照以下要求进行，以达到设计标准：彻底清除基底面上的浮浆、污物和脏水；基底凿毛宽度和深度需严格控制；凿毛后基底面无渗水现象；凿出的垃圾清扫装袋并清理出施工现场；冲洗结构底板并疏干积水。

1.6.2 铺轨龙门吊

1）铺轨龙门吊需要控制间距，以保证施工过程的顺利和安全。

2）检查铺轨龙门吊基础稳固性，支撑腿间距，一般控制在1.0～1.3m之间，最多不宜超过1.5m。检查走行轨连接鱼尾板螺栓的数量和稳固情况，确保安全。

1.6.3 轨道安装

1）施工前，直角道尺、万能道尺、钢卷尺等检测量具必须按规定送检。

在使用过程中，如发现异常，必须停止使用，立即重新进行标定。

2）监理在现场检验时，轨道调整精度应符合下列规定：

（1）轨道中心线：距基标中心线允许偏差为±2mm；

（2）轨道方向：直线段用10m弦量，允许偏差为1mm；曲线段用20m弦量正矢，允许偏差应符表1-2所示相关规定；

轨道曲线正矢（20m弦量）允许偏差　　　表1-2

曲线半径（m）	缓和曲线正矢与计算正矢差（mm）	圆曲线正矢连续差（mm）	圆曲线正矢最大最小值差（mm）
$R \leq 250$	6	12	18
$250 < R \leq 350$	5	10	15
$350 < R \leq 450$	4	8	12
$450 < R \leq 650$	3	6	9
$R > 650$	3	6	9

（3）轨顶水平及高程：高程允许偏差为 ±1mm，左右股钢轨顶面水平允许偏差为 1mm，在延长 18m 的距离范围内应无大于 1mm 的三角坑；

（4）轨顶高低差：用 10m 弦量不应大于 1mm；

（5）轨距：允许偏差 –1 ~ +2mm，变化率不应大于 1‰；

（6）轨底坡：按 1/40 设置；

（7）轨缝：允许偏差为 0 ~ 1mm；

（8）钢轨接头：轨面、轨头内侧应平直，允许偏差为 0.5mm；

（9）轨排架设完成后的允许偏差见表 1-3。

轨道静态几何尺寸允许偏差　　　　表 1-3

序号	检查项目	允许偏差
1	轨距	–2 ~ +4mm，变化率不应大于 1‰
2	水平	4mm
3	轨向	直线段不大应于 4mm/10m 弦
4	高低	直线段不大应于 4mm/10m 弦
5	中线	10mm
6	高程	±10mm
7	轨底坡	1/20 ~ 1/40（设计文件为 1/30 时）； 1/30 ~ 1/50（设计文件为 1/40 时）

3）监理控制注意事项

（1）检查轨枕间距

扣件组装完成后进行轨排验收，特别注意检查轨距、短轨枕位置及间距、扣件与轨枕是否密贴等。验收合格后用龙门吊吊运到指定地点堆放或装车，并按铺设顺序注明轨节编号。轨排装车时，最多装三层，先铺的装在上面，后铺的装在下面。

（2）检查铁垫板安装

铁垫板的安设要正确，铁垫板在钢轨外侧的一面要厚些，从钢轨外侧放入会更容易些。抽检承包商作业现场操作，确保满足使用要求。

1.7 混凝土道床施工监理要点

1.7.1 模板工程监理要点

1）模板及其支撑必须符合下列规定：

（1）保证工程结构和构件各部分形状尺寸和相互位置的正确；

（2）具有足够的承载能力、刚度和稳定性，能可靠地承受新浇筑混凝土的侧压力，以及在施工过程中所产生的动荷载；

（3）构造简单，装拆方便，并便于钢筋的绑扎、安装和混凝土的浇筑、养护等要求。

2）模板与混凝土的接触面应涂隔离剂。

3）对模板及其支架应定期维修，钢模板及钢支架应防止锈蚀。

1.7.2 钢筋工程监理要点

1. 一般规定

（1）混凝土结构所采用的热轧带肋钢筋、圆钢等的质量，应符合国家现行标准的规定。

（2）钢筋应有出厂质量证明书或试验报告单，钢筋表面或每捆（盘）钢筋均应有标志。进场时应按批号及直径分批检验，检验内容包括查对标志、外观检查，并按国家现行有关标准的规定抽取试样做化学性能试验，合格后方可使用。

（3）钢筋在加工过程中，如发现脆断、焊接性能不良或力学性能显著不正常现象，应根据国家现行标准对该批钢筋进行化学成分检验或其他专项检验。

（4）钢筋在运输和储存时，不得损坏标志，并应按批分别堆放整齐，避免锈蚀或污染。

（5）钢筋的级别、种类和直径应按设计要求采用。

2. 钢筋加工

（1）钢筋加工的形状、尺寸必须符合设计文件要求。钢筋的表面应洁净、无损伤、油污、漆污和铁锈等应在使用前清除干净。带有颗粒或片状老锈的钢筋不得使用。

（2）钢筋应平直、无局部曲折。

（3）钢筋的弯钩或弯折应符合下列规定：

① Ⅰ级钢筋末端需要作180°弯钩，其圆弧弯曲直径 D 不应小于钢筋直径 d 的2.5倍，平直部分长度不宜小于钢筋直径 d 的3倍；用于轻骨料混凝土结构时，其弯曲直径 D 不应小于钢筋直径 d 的3.5倍。

② Ⅱ、Ⅲ级钢筋末端需作90°或135°弯折时，Ⅱ级钢筋的弯曲直径 D 不宜小于钢筋直径 d 的4倍，Ⅲ级钢筋不宜小于钢筋直径 d 的5倍，平直部分长度应按设计要求确定。

③ 弯起钢筋中间部位弯折处的弯曲直径 D，不应小于钢筋直径 d 的5倍。

（4）箍筋末端应作弯钩，弯钩形式应符合设计要求。

（5）钢筋加工的允许偏差应符合表1-4所示的相关规定。

钢筋加工的允许偏差　　　　　　　　　　　　　表1-4

项目	允许偏差（mm）
受力钢筋顺长度方向全长的净尺寸	±10
弯起钢筋的弯折位置	±20

3. 钢筋焊接

（1）钢筋焊接的接头形式、焊接工艺和质量验收，应符合国家现行标准《钢筋焊接及验收规程》JGJ 18—2012 的有关规定。钢筋焊接接头的试验方法应符合国家现行标准《钢筋焊接接头试验方法标准》JGJ/T 27—2014 的有关规定。

（2）钢筋焊接前，必须根据施工条件进行试焊，合格后方可施焊。

（3）当受力钢筋采用焊接接头时，设置在同一构件内的焊接接头应相互错开。在任一焊接接头中心至长度为钢筋直径 d 的 35 倍且不小于 500mm 区段内有接头的受力钢筋截面面积占受力钢筋总截面面积的百分率，受拉区不宜超过 50%；受压区和装配式构件连接处不限制。

（4）焊接接头距钢筋弯折处，不应小于钢筋直径 d 的 10 倍，且不宜位于构件的最大弯矩处。

4. 钢筋安装

（1）钢筋的绑扎应符合相关规定，钢筋的交叉点应用铁丝绑扎稳固。

（2）安装钢筋时，配置的钢筋级别、直径、根数和间距均应符合设计要求，绑扎或焊接的钢筋网和钢筋骨架，不得有变形、松脱和开焊。钢筋位置的允许偏差，应符合表1-5 所示的相关规定。

钢筋位置的允许偏差　　　　　　　　　　　　　表1-5

项目		允许偏差（mm）
受力钢筋的排距		±5
钢筋弯起点的位置		20
箍筋、横向钢筋间距	绑扎骨架	±20
	焊接骨架	±10
焊接预埋件	中心线位置	5
	水平高差	±3

1.7.3　混凝土工程监理要点

1）对于所采用的商品混凝土，混凝土厂家应提供下列资料：

（1）水泥品种、标号及每立方米混凝土中的水泥用量；

（2）骨料的种类和最大粒径；

（3）外加剂、掺合料的品种及掺量；

（4）混凝土强度等级和坍落度；

（5）混凝土配合比和标准试件强度。

2）对于运到现场的商品混凝土，应在交货地进行坍落度检查，实测的混凝土坍落度与要求坍落度之间的允许偏差应符合表1-6所示的相关规定。

混凝土坍落度与要求坍落度之间的允许偏差　　表1-6

要求坍落度（mm）	允许偏差（mm）
<50	±10
50～90	±20
>90	±30

3）混凝土的取样、制作、养护、试验及强度评定应符合现行国家标准《混凝土强度检验评定标准》GB/T 50107—2010的相关规定。

4）用于检查结构混凝土质量的试件，应在混凝土的浇筑地点随机取样检查。

5）当对混凝土试件强度的代表性有怀疑时，可采用非破损检验方法或从结构、构件中钻芯取样的方法，按有关标准规定，对结构构件中的混凝土强度进行推定，作为是否应进行处理的依据。

1.8 钢轨焊接无缝线路施工监理要点

1.8.1 钢轨焊接

1. 焊前准备阶段的监理

（1）检查钢轨接头的情况，如果两钢轨的接头相错量大于100mm，则需要锯轨进行调整；如果端头被压塌陷，也需要先进行锯轨，将塌陷的部位锯掉，然后检查钢轨的垂直度（横向和竖向），允许偏差为0.5mm的（尤其是不能出现V形接头）均应用钢轨端面打磨机进行端面打磨直至满足要求为止，才允许施焊。

（2）同时检查钢轨接头的间隙，如果间隙过大，则需要进行拉轨，将前方钢轨（动轨）的扣件全部松开，按10m左右的间距在前方钢轨下支垫滚轮（焊轨时要保证焊机前的动轨下垫有滚轮，以便于钢轨的纵向移动进行焊接），用拉轨器进行拉轨，直至将钢轨两接头拉近，如果间隙较小，可以考虑用焊机进行拉轨。

（3）用起道器将动轨顶起，调整钢轨的状态，使其稳定，再进行焊前的检查。此时要求用1m的直尺进行检查（1m直尺中部放在钢轨接头部位），调整待焊钢轨预拱度，一般控制在 0.5~1mm，并用直尺检查钢轨接头的错位情况，调整钢轨，确保钢轨左右不错位（钢轨接头左右偏差不大时，要优先考虑工作面平顺，如果另一侧因此而偏差太大，则需要进行稍微调节），为焊接做好准备。

2. 焊机对位的监理

（1）检查轨腰打磨情况

在距离轨头 700mm 范围内用直向式电动砂轮机打磨出厂标志和打磨除锈。打磨后有金属光泽，不得有锈斑，母材打磨深度不得超过 0.2mm，不得有任何凸出，以防损伤钳口。

（2）检查除锈情况

焊前 24h 内对待焊接钢轨端面进行除锈打磨和垂直度打磨处理，确保焊接质量和保护焊机钳口。合格后承包商需再次检查待焊钢轨的预拱度并调整好，并划出焊机的钳口就位线，将推瘤装置就位，然后焊机就位，并打好止轮器，再将焊机机头伸出就位，焊机进行焊缝找位。

（3）检查夹轨对正情况

承包商通过焊机夹钳夹紧钢轨，夹紧后通过伸缩油缸调整钢轨的间隙（1~2mm），达到焊接要求后同意焊轨。

（4）焊轨

焊接过程，由焊机按预设的参数进行自动焊接，完成钢轨的闪平、预热、闪光（烧化）和顶锻四个过程，由控制系统指挥焊机按焊接程序自动完成。

（5）监督焊瘤推凸

检查电脑显示：如果焊机结果显示不合格，则要求承包商将刚焊的焊头锯掉，重新进行焊接。接头焊接合格后待焊缝自然冷却，用红外测温仪对焊缝温度进行测试，待温度下降到 300℃以下时才允许焊轨车通过刚完成的焊缝，进行下一个接头的焊接。

（6）监督焊后粗打磨

利用碗形砂轮机或角磨机对焊缝及附近轨头顶面、侧面、轨底上表面和轨底边缘进行打磨；打磨轨头时，平直度在焊缝两侧各 1m 范围内基本符合 0~0.5mm（以钢轨作用边为基准）；焊缝踏面部位热态时呈 0.5~1mm 的上拱量，在常温下不能打亏；轨底上表面焊缝两侧各 150mm 范围内及距离两侧轨底角边缘各为 35mm 范围内打磨平整；用砂轮打磨凸出量必须顺向打磨，严禁横向打磨。当焊接接头落在枕木上时，用条形砂轮机进行轨底板打磨至与轨底齐平。

（7）监督正火施工

监理现场检查：焊接接头两端各 2.5m 处垫辊轴，满足轨底至道床面 140mm 的正火高度要求，5m 范围内调平钢轨面、调直钢轨方向。为防止正火时升温产生钢轨内应力使焊缝上供、下凹或扭曲变形，正火工序滞后焊轨工序两个接头以上，正火前将焊缝处前后各一根钢轨范围内的扣件全部拆除，使正火升温产生的钢轨内应力尽可能分散释放。正火架安装好后，将JRQ-60F型加热器安装在正火架上，正火加热器沿正火架上的滑道在接头上方纵向均匀滑动，滑动量以30~50mm为宜，用红外线测温仪严格控制正火温度，当焊缝加热到860±20℃（正火温度由形式试验钢轨焊接接头断口晶相确定）时，停止加热，正火工序完成，让焊缝自然冷却。正火时确保正火范围内温度基本一致。

（8）焊后精磨监理

监理时注意：用内燃仿型打磨机进行打磨时，进刀量不得超过0.2mm，打磨机沿钢轨纵向往复移动，待无火花时，再适当给进刀量；打磨机从轨顶逐渐向轨侧摆动，直至完成对钢轨轮廓的仿形打磨。为提高磨削效率，在该阶段可以选择深切、快移打磨。打磨时不准冲击和跳动，对母材的打磨深度不得超过0.5mm；打磨面不得发黑、发蓝，应平整有光泽。精细打磨时，选择较小的切削深度（进刀量）沿钢轨纵向缓慢移动，打磨平顺圆滑，焊接接头打磨误差以1‰顺坡处理。用1m直尺测量钢轨焊头的平直度满足表1-7所示的相关规定。

工地钢轨焊轨接头平直度允许偏差　　表1-7

序号	项目	允许偏差（mm）
1	轨顶面	0~+0.3
2	轨头内侧工作面	±0.3
3	轨底（焊筋）	0~+0.5

注：1. 轨顶面中，符号"+"表示高出钢轨母材规定基准面。
　　2. 轨头内侧工作面中，符号"+"表示凹进。
　　3. 轨底（焊筋）中，符号"+"表示凸出。

3. 旁站监理时注意事项

（1）钢轨焊头轨顶面、侧面及底面，应纵向打磨平顺，不允许横向打磨，不得有低接头。

（2）接触焊生产的参数一经确定，经监理工程师确认后，就可以用于焊接生产。焊机操作的参数要列表给焊机操作人员作为工艺控制参数，并不得随意改动。现场由焊接专家给操作人员进行示范和技术交底，确保施焊人员能熟练使用工艺控制参数，确保焊接质量。

（3）要求焊接前对焊机进行检查，一定要检查地线的接地情况，以确保接地良好，无异常情况才能同意施焊。

（4）轨头及轨底上圆角打磨后在1m范围内应圆顺，母材打磨深度不超过0.5mm。

1.8.2 钢轨探伤监理

1. 焊头探伤检查

对打磨后的焊头进行探伤，不合格的焊头要锯掉重焊，保证焊头合格率达100%。

2. 焊头外观检查

用1m直尺和塞尺对经探伤合格的焊头踏面、工作边及轨底进行检查，平直度必须符合要求，不符合要求的再进行修磨或锯掉重焊。

1.8.3 无缝线路施工监理方法

1. 设置位移观测桩的监理

（1）检查位移观测桩的设置位置是否符合经过批准的施工方案要求。

（2）检查位移观测桩的设置是否牢固、可靠、易于观测且不易被破坏。

（3）检查成对的位移观测桩连线是否垂直于线路方向；单元轨节起终点的位移观测桩是否与单元轨节焊接接头对应，纵向相错量应符合有关规定。

（4）检查位移观测桩是否按列车运行方向顺序编号；编号方法应符合相关的规定和要求。

（5）位移观测桩标记是否清晰；观测点设置高度是否满足高于轨面5～10cm的要求。

2. 基本要求

（1）检查道床刚度及横、纵向阻力，轨面高程，线路的静态几何尺寸达到初期稳定状态要求。

（2）锁定时轨温不高于设计锁定轨温允许值。

（3）检查隧道内施工需有充分的照明设备和通信联络设备是否满足作业要求。

3. 放散准备工作的监理

（1）检查各工具、机器是否齐全，能否正常工作；检查滚筒涂油情况，保证转动灵活安全。

（2）检查承包商作业人员是否到位；各工序的人员是否满足要求。

（3）检查应力放散单元长轨轨道两端一定距离处是否设置停车牌，确保安全施工。

4. 操作过程的旁站监理

（1）检查钢轨拆卸的顺序是否合理。

（2）检查拆下的弹条、螺帽、弹簧垫圈、平垫圈、轨距块摆放位置是否合理；轨距块号码摆放是否正确。

（3）监理人员要从头至尾检查两根钢轨的弹条扣件是否全部拆除，若有未拆除的弹条扣件要及时拆除，若有破损应及时要求承包商更换。

（4）在拆卸扣件时，监理人员还应检查拆除前一对已锁定的单元轨节的100m扣件是否拆除（为锁定焊采用接触焊做准备，接触焊时轨缝两边各需拆100m扣件），这样主要是使应力集中不在焊头处，因每一对单元轨节锁定轨温不可能完全一致，此时的应力集中点就会集中在锁定焊头附近，这样给予焊头的应力就会影响焊头的寿命。100m扣件拆除后，还应将其拨偏与未放散轨端相错，避免涨轨后两轨端挤死。

（5）用起道机顶起钢轨时，监理人员应检查轨下橡胶垫板有无破损及其上有无石屑，若有破损及时要求承包商更换，若有石屑及时清理，确保锁定后轨道质量；检查枕木上是否安置好滚筒，并要求承包商每隔12～15m垫放一个滚筒，以保证钢轨不塌腰，使应力放散时不易产生应力集中点，尽量达到零应力状态；还应检查滚筒是否垂直于钢轨纵向中心线安放于轨底和枕木之间，要保证钢轨目视平顺。

5. 撞轨、放散应力监理

监理人员确认所有滚筒安放好后，还应检查在距单元轨节端部1/3，2/3轨节长度处是否安装撞轨器，保证撞轨器同时撞轨协助放散，直至钢轨伸长出现反弹现象即判定钢轨达到零应力状态。

6. 轨温、拉伸位移标记检查

（1）检查钢轨拆除扣件时，钢轨阴面一侧轨腰处的浮锈是否清除，数显轨温计是否贴放在浮锈清除处。

（2）应力放散、钢轨处于零应力状态后，监理人员应检查每100m在钢轨上是否做了拉伸位移标记，并及时记录轨温。计算规则如下：

现场轨温计算式：$T_0 = (T_{始} + T_{中} + T_{末})/3$

钢轨拉伸长度计算式：$\Delta L = \alpha (T_{锁} - T_0) L$

锯轨量计算式：$\Delta S = \Delta L + \lambda$

式中　T_0——实际轨温（℃）；

　　　$T_{锁}$——设计锁定轨温（℃）；

$T_{始}$、$T_{中}$、$T_{末}$——分别为测量单元轨节始、中、末端轨温（℃）；

　　　α——钢轨线膨胀系数，为0.0118[mm/(m·℃)]；

　　　L——单元轨节长度（m）；

　　　λ——预留轨缝（mm）。

若$\Delta S < -40$mm时，需松开未锁的单元轨节进行串轨后，再行焊接。

当实际锁定轨温超出设计锁定轨温范围，固定区钢轨出现严重的不均匀位移时，监理工程师应督促承包商进行应力放散和锁定。

（3）监理工程师还应检查相邻单元轨节的锁定轨温差，不应大于5℃，左右两股钢轨锁定轨温差不大于5℃，同一区间内各单元轨条最高与最低锁定轨温差不大于10℃。

（4）监理人员还应检查在轨缝两侧轨顶面上是否做出明显标记。标记是否垂直于钢轨纵向中心线。标记的间距为 $\Delta L + (8 \sim 15)$ mm。检查轨端有无塌面，若两轨端都有塌面现象，必须两轨端全部锯掉，以保证焊接质量。

（5）锯轨完毕后，监理人员应测量轨缝，轨缝值应为 $\Delta L + (8 \sim 15)$ mm。

7. 单元轨节拉伸、锁定监理

（1）单元轨拉伸前，监理工程师应检查轨缝是否处于拉伸器纵向中间位置，并检查整套拉伸装置是否完好。

（2）开始拉伸后，应检查拉伸后轨缝，保证实际移动量与要求值相符合，要确保钢轨拉伸均匀，呈线性变化。

（3）当始端拉伸到计算拉伸量时，锁定钢轨。监理工程师在钢轨落槽时应检查轨温，此时轨温不得高于设计锁定轨温，并检查轨缝值，轨缝值应在 8~15mm 范围内。

8. 锁定焊接

单元轨的两根钢轨均锁定后开始焊接，即可按气压焊轨缝焊接旁站监理。

9. 验收标准

所有焊轨接头面几何标准应满足表 1-8 所示相关要求。

焊接接头平直度标准　　　　表 1-8

项目	平直度（mm）
轨顶面	0 ~ +0.3
轨头内侧工作面	± 0.3
轨底面	0 ~ +0.5

（1）位移观测桩处换算 200m 范围内相对位移量不大于 10mm，任何一个位移观测桩处位移量不超过 20m。

（2）单元轨节左右两股钢轨始终端的相错量不超过 100mm，曲线上内股钢轨的锁定轨温不应高于外股的锁定轨温。保证左右两股钢轨锁定轨温差不大于 5℃，还要注意相邻两端单元轨节锁定轨温之差不得大于 5℃，同一设计锁定轨温的长轨条最高最低锁定轨温差不得大于 10℃。

（3）焊接时严格控制气体流量、预热温度和推瘤时间；焊后及时进行探伤和外观检验。

（4）要求承包商定期校检轨温计，保证使用期间的有效性，确保轨温量取的准确。并以始端、终端、中部测得的轨温平均值作为当时轨温。

1.9　有砟道床钢轨铺设监理要点

（1）轨缝预留应符合《铁路轨道工程施工质量验收标准》TB 10413—2018 的相关

规定。

当轨温低于当地历史最高轨温时，没有连续 3 个及以上的瞎缝。任何情况下，不出现构造轨缝。轨缝实际平均值与检算平均值差 ±2mm；接头错牙不大于 1mm；接头相错量直线不大于 40mm；曲线不大于 40mm 加缩短轨缩短量的一半；轨距允许偏差为 –2 ~ +6mm；轨道中心与设计中线差不大于 20mm。

（2）各种扣配件安装齐全，位置正确，扣件涂油。轨道大方向远视直线顺直、无硬弯、曲线圆顺、无反弯或鹅头，无反超高和三角坑。

（3）预铺道砟：无缝线路预铺道砟压实密度不低于 1.6g/cm³，砟面平整度偏差不大于 30mm。

（4）缝线路单层道床预铺砟带宽度不得小于 800mm，厚度 150 ~ 200mm。

轨道静态几何尺寸允许偏差如表 1-9 所示，轨道曲线正矢（20m 弦量）允许偏差如表 1-10 所示。要求施工单位按规定抽检，监理单位见证检测。

轨道静态几何尺寸允许偏差　　　　　　　　　　　　　　　表 1-9

序号	检查项目	允许偏差
1	轨距	–2 ~ +4mm，变化率不应大于 1‰
2	水平	4mm
3	轨向	直线段不大应于 4mm/10m 弦
4	高低	直线段不大应于 4mm/10m 弦
5	中线	10mm
6	高程	±10mm
7	轨底坡	1/20 ~ 1/40（设计文件为 1/30 时）；1/30 ~ 1/50（设计文件为 1/40 时）

轨道曲线正矢（20m 弦量）允许偏差　　　　　　　　　　　表 1-10

曲线半径（m）	缓和曲线正矢与计算正矢差（mm）	圆曲线正矢连续差（mm）	圆曲线正矢最大最小值差（mm）
$R \leq 250$	6	12	18
$250 < R \leq 350$	5	10	15
$350 < R \leq 450$	4	8	12
$450 < R \leq 650$	3	6	9
$R > 650$	3	6	9

1.10　道岔施工监理要点

1.10.1　检查顺序

用道尺在规定位置逐处检查，先轨距后水平（道尺放置的允许偏差为 50mm）。

1.10.2 检查位置

（1）前顺坡终点（基本轨端第一条螺栓中心处）；

（2）尖轨尖端（尖端前50mm范围内）；

（3）尖轨中（尖轨刨切起点处）；

（4）尖轨跟端（直股：直尖轨后连接轨端第一条螺栓中心处）；

（5）尖轨跟端（曲股：曲尖轨后连接轨端第一条螺栓中心处）；

（6）直线前（直股活接头后1.5m处）；

（7）导曲前（曲股活接头后3m处）；

（8）导曲中（连接部分曲股接头后连接轨端第一条螺栓中心处）；

（9）直线中（连接部分直股接头后连接轨端第一条螺栓中心处）；

（10）直线后（曲股后相对应的直股处）；

（11）导曲后（曲股后四标记相对处）；

（12）叉心前（曲股辙叉前轨端第一条螺栓中心处）；

（13）叉心中（查照间隔不得小于1391mm，护背距离不得大于1348mm）；

（14）叉心后（曲股辙叉后轨端第一条螺栓中心处）；

（15）叉心后（直股辙叉后轨端第一条螺栓中心处）；

（16）叉心后（直股辙叉后轨端第一条螺栓中心处）；

（17）叉心前（直股辙叉前轨端第一条螺栓中心处）。

1.10.3 检查支距

应熟记支距值（9号、12号），并复核各支距点横距（支距点误差为10mm）。

1.10.4 检查道岔爬行

在尖轨尖端检查，把方尺放在直股基本轨上靠严，用盒尺量取两尖轨之间长度后，用大值减去小值等于爬行量。

1.10.5 检查岔后的连接曲线正矢

用10m弦线量取。需要知道附带曲线的定义：当岔后两股轨道平行且线间距小于5.2m的曲线叫附带曲线。

1.10.6 质量标准

（1）检查项目齐全完整无遗漏，需要将超限处圈画出（超出经常保养用○；超出临时补修用△），检查记录要准确无误，检查数据结果要准确无误，支距无误差，检查顺序应该规范正确（对保养和临修值应熟记）。

（2）其他项目检查评定

①尖趾距离：可动心轨道岔的长心轨实际尖端至翼轨趾端的距离简称为尖趾距离（允许偏差：12号为0~10mm，18号为0~15mm）。

②检查查照间隔（辙叉心作用面至护轨头部外侧的距离）和护背距离（翼轨作用至护轨头部外侧的距离）时应最少量3次查找出超限处（60kg/m 12号普通道岔在心轨顶面宽25mm处量取，一般道岔在心轨顶面宽50mm范围内量取）。

（3）一些需要注意的相关知识：如接头的扭力矩60kg/m及以上轨500N·m、50kg/m轨400N·m，扭力矩不足时不得低于100N·m。

（4）三道缝

①基本轨轨底边与滑床台边缘有缝隙；

②基本轨外侧轨颚及轨底上部与轨撑接触部有缝隙；

③轨撑尾部与滑床板挡肩有缝隙。

（5）防爬器的设置：一般9号为3组，12号为4组，顶木高出枕木面就算失效。

（6）岔枕失效：接头失效一根算一处，其他部分连续3根算一处。两项在一起算一处，枕木顶宽为180mm，底宽240mm，厚度为160mm，长度为2.6~4.8m，等级差为20mm，14个等级。

（7）警冲标：警冲标应设置在汇合线路两线间距为4m的起点处，中间有曲线时按限界加宽办法加宽；两线间距不足4m时，应设在两线最大间距的起点处中间。检查警冲标用盒尺分别测量两线路内股钢轨工作边到警冲标的垂直距离，加上1435mm的一般如果小于2m，则将此数据记在检查记录中。

（8）钉道规定：一般直线部外股方向钉应钉齐全，内部可不钉，接头必须钉齐。导曲线上下股道钉，每块铁垫板5个道钉应齐全。评定表中道钉浮离数50个以后算其百分比（原则上哪的浮离多算哪的）。

（9）轮缘槽的宽度：护轨平直部分标准宽度应为42mm，如侧向轨距为1441mm时，宽度为48mm，允许偏差为−1~+3mm。辙叉心轮缘槽宽度为46mm，允许偏差为−1~+3mm。与轨距位置相同。尖轨非工作边与基本轨工作边的最小距离是65mm，允许偏差为−2~0mm。

（10）查照间隔不能小于1391mm；护背距离应不得大于1348mm。

（11）两基本轨的距离：9号为1.515m；12号为1.512m。

1.11 相关检查表

1）钢轨焊接旁站监理记录如表1-11所示。

钢轨焊接旁站监理记录表（正火） 表 1-11

工程名称：

时间	年 月 日		天气情况	□晴□阴□雨 _____℃	
长钢轨编号：		焊头区段：		钢轨厂家：	今日焊头数量：
焊头编号	焊接起止时间	焊头编号	焊接起止时间	焊头编号	焊接起止时间

施工情况：
1. 正火阶段：加热温度（℃）_____ ；加热时间（min）_____
2. 接头错边测量：钢轨顶面纵向中心线的垂直方向（mm）_____ ；
工作侧面轨顶面下 16mm 处的水平方向（mm）_____ ；
轨角边缘的水平方（mm）_____

监理情况：
1. 钢轨接头平直度（mm）：a_1_____ ；b_1_____ ；b_2_____
2. 表面质量：不平度（mm）_____ ；
轨顶面及轨头侧面工作边打磨深度（mm）_____ ；
外观质量 _____

发现问题：

处理意见：

项目监理机构：

旁站监理人员（签字）：

年 月 日

2）检测、测量所需工具如表 1-12 所示。

3）道岔检查所需工具如表 1-13 所示。

检测、测量所需工具表　　　　　　　　　　　　表 1-12

序号	仪器名称	型号	数量	备注
1	钢筋扫描仪（定位仪）	C-4974	1	
2	便携式钢筋定位仪	C-7500	1	
3	靠尺		6	
4	徕卡全站仪	TC1800	1	
5	数显超声波测厚仪	HCC-16	1	
6	回弹仪	ZC3-A	2	
7	超声波混凝土状况测定仪	C-7901	1	
8	渗透率测定仪	P-6000	1	
9	混凝土测动性测量仪	S-4000	1	
10	坍落度筒	300mm×200mm×100mm		
11	塞尺	0.2~1mm	6	
12	数显卡尺	0~200mm	6	
13	钢直尺	300mm	6	
14	水准仪	N3	1	
15	声波检测仪	RS-ST01D	1	

注：型号和数量可根据项目实际选用。

道岔检查所需工具表　　　　　　　　　　　　表 1-13

序号	仪器名称	型号	数量	备注
1	道尺			
2	支距尺			
3	方尺			
4	1m 钢板尺			
5	2m 盒尺			
6	10m 以上钢卷尺			
7	木折尺			
8	塞尺			
9	游标卡尺			
10	弦线			
11	检查锤			
12	石笔			
13	扒镐			
14	公斤扳手			
15	记录笔			
16	道岔检查记录本			

注：型号和数量可根据项目实际选用。

第 2 章
一般整体道床施工监理控制要点

本章执笔：金宏章　林旭红　谢　童

2.1　一般整体道床施工监理控制要点

2.1.1　一般整体道床施工工艺流程

一般整体道床施工工艺流程如图 2-1 所示。

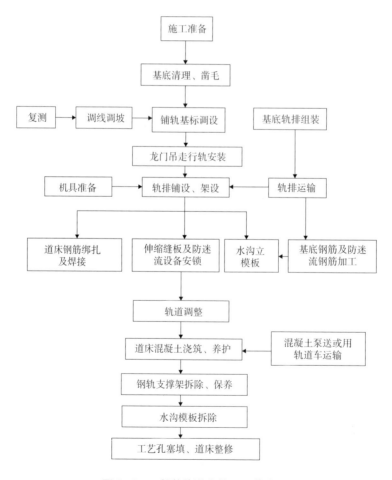

图 2-1　一般整体道床施工工艺流程

2.1.2 一般整体道床工序控制点

一般整体道床工序控制点如表 2-1 所示。

一般整体道床工序控制点　　　　表 2-1

部位	项目	编号	主要质量控制点	监控措施
一般整体道床	基标设置	1	中线、高程贯通测量及调整闭合检查	见证检测
		2	控制/加密基标位置及偏差检测	见证检测
		3	基标牢固及标志检查	检查
	轨排组装架设	1	轨排设计审核	审核
		2	钢轨、配件、轨枕合格证及检验	见证检验
		3	钢轨调直、头部检查、处理,扣件检查	检查
		4	支撑架架设间距及牢固度,架设位置检查	检查
		5	轨枕间距、位置偏差	检查
		6	铁垫板椭圆形孔螺杆位置居中检查	检查
		7	钢轨接头位置、轨面平顺、轨缝偏差检查	检查
		8	轨距、水平、高低、方向、高程、轨底坡偏差检查	检查
		9	曲线正矢偏差检查	检查
		10	施工单元轨排搭接长度检查	检查
	整体道床混凝土	1	混凝土原材材质及配合比检查	见证检验
		2	钢筋材质检查、焊接工艺及质量检查	见证检验
		3	隧道仰拱、回填层检查及清理	检查
		4	回填层连接膨胀螺栓及预埋件位置、牢固度检查	检查
		5	钢筋绑扎隐蔽检查、防迷流要求及连接端子设置检查	见证检测
		6	模板、预留孔洞、预埋件检查	检查
		7	防淹门、人防门、开槽及管线设置检查	检查
		8	钢轨、扣件、轨枕防污染措施检查	检查
		9	混凝土搅拌、浇筑、振捣检查	旁站监控
		10	混凝土试件制作和强度检验	见证检验
		11	中线、外形尺寸偏差检查	检查
	排水及伸缩缝	1	伸缩缝材料规格、外观、尺寸验收	检查
		2	道床横向排水坡、纵向排水沟平顺及外观检查	检查
		3	伸缩缝位置、宽度检查	检查
		4	注水观察试验	见证检验

2.2 一般整体道床施工监理过程控制

本节主要针对地铁地下线、U 形槽结构一般整体道床（一般减振地段使用 DT Ⅵ 2 型扣件及配套短轨枕；中等减振地段使用Ⅲ型轨道减振器扣件及配套短轨枕）施工过程的监理工作要点进行叙述。

地下线一般整体道床分段布置，根据轨枕间距，U 形槽地段及洞口内 100m 范围每 6.25m，其余地段一般情况下每 12.5m 设一道宽 20mm 的伸缩缝。伸缩缝以沥青木板形成并以沥青麻筋封顶。每段道床长度可根据结构变形缝设置、集水坑设置及过轨管线布置等情况适当调整，同时钢筋长度等相应调整。结构沉降缝处应设道床伸缩缝，短轨枕应避开道床伸缩缝。

2.2.1 事前质量控制

1. 检查人员资质

（1）对承包人现场主要管理人员的资质进行审查，符合要求后签字确认并存档。

（2）对现场各级人员安全教育和技术交底情况进行检查。重点检查项目负责人和专职安全员的安全教育培训证，现场操作工人的三级安全教育记录，开工前的技术与安全交底记录，以及班前安全讲话记录等。

（3）对特殊工种人员（如电工、电焊工、起重工等）的资格进行审查。

2. 检查施工机械设备

用于本工程的电焊机、龙门吊、轨道车等主要施工机械设备进场后，要求承包人填报进场设备报验单，向监理部报验。经过现场检查验收后签署意见。施工过程中如果更换或撤场需要经过监理部同意。

3. 对进场原材料检查验收

对进场钢筋及焊条按规范规定进行检查验收，并按规范规定对钢筋原材和钢筋连接件进行抽样复试，质量合格后才能使用。

4. 审查施工组织设计或专项施工方案

重点审查施工组织设计或专项施工方案中关于整体道床施工技术要求、重难点分析和控制要点。

5. 技术准备要点

（1）核对施工图审查记录，确定已经通过了有关部门的审查。

（2）项目监理部要对施工图设计文件进行审查并提出审核意见，图纸会审后由项目总监或总监代表根据设计文件的主要内容在监理部内部进行交底。

（3）检查承包商是否进行了技术交底，交底是否全面、具体。

（4）检查现场技术准备工作，如混凝土配合比选定报告、进度形象图、各种施工记录表等准备就绪。

6. 做好施工准备

（1）地下线一般整体道床根据相关专业要求埋设过轨管线和预留沟槽均应注意与结构预留口接口的处理。

（2）整体道床水沟设置在线路中心位置，水沟宽800mm，一般减振地段水沟沟底与线路中心处轨面高差为370mm（Ⅲ型轨道减振器扣件地段为400mm），排水沟纵坡与线路纵坡一致，道床面向中心水沟方向设2%的横向排水坡，道床外观应整洁美观，道床排水沟无反坡积水。

（3）道床钢筋网施工时，应按杂散电流专业的要求焊接钢筋，根据杂散电流专业要求，在每条线路垂直轨道下方，分别选2根纵向钢筋和所有的横向钢筋焊接；每段整体道床内的纵向钢筋如有搭接，必须进行搭接焊。整体道床内的横向钢筋应电气连续，若有搭接，应进行搭接焊，搭接长度不应小于钢筋直径的5倍，采用双面焊接，焊高不小于6mm，严禁虚焊。隧道内沿整体道床纵向每隔5m用1根横向钢筋与所有收集网纵向钢筋焊接。

（4）埋入式杂散端子为厂制产品，杂散电流端子的型式尺寸设计及供货技术条件，批量供货前需由供货厂家提交给杂散电流专业确认。

（5）一般整体道床DTⅥ2扣件与采用Ⅲ型轨道减振器扣件地段道床顶面高度相差33mm，施工时应注意两种道床面平顺连接。

（6）道床基础必须坚实可靠，并凿毛，结构底板出现空洞、漏水、渗流处要与土建施工单位协商进行封堵处理；浇筑道床混凝土前应将杂物、混凝土碎屑等彻底清理干净，并疏干积水。

（7）钢筋混凝土短轨枕及下部结构的道床浇筑面在道床浇筑前应做喷水处理，但浇筑面的水应在浇筑前予以清除。

（8）道床钢筋及混凝土的用料必须符合设计规定。曲线地段轨道的加宽及超高，应按设计规定在浇筑道床混凝土前布置。

（9）道床伸缩缝应按设计规定布置。施工缝应与伸缩缝一致。

（10）道床纵向及横向钢筋安装位置一般应符合设计要求，局部可根据现场实际情况进行适量调整，但应确保钢筋保护层厚度不小于25mm。

（11）整体道床钢轨支撑架应架设牢固并与钢轨垂直，应等间距布置。

（12）道床与其他设备接口处，在施工时由相关专业人员密切配合。

2.2.2 事中质量控制

1. 铺轨基标设置及测设方法

1）交桩复测

为了保证铺轨路线符合设计要求，确保施工中不发生任何差错，在测设铺轨基标前，首先对洞内的控制导线点和水准点进行复测。为满足放样点的点位精度，洞内所交平面控制桩按四等导线复测，复测结果与原来的成果或点位差异在允许范围内时，则以原有的成果为准不作改动，对经过多次复测证明原有成果确实有误或点位有较大变动时，由第三方监测单位进行审批。

（1）复测准备工作包括：

①全面熟悉测量规范及设计文件，领会设计意图及各项要求。

②按有关规定进行测量仪器的常规检验和校正。

③根据交桩资料，对原设桩进行现场核对，了解移动、丢失情况。

（2）交接桩内容包括：

①平面控制桩（如GPS点、导线网及间接测量所布设的控制桩等）。

②水准点。

③设计单位提供的线路设计图纸资料及测量成果。

2）加密导线网测量

交桩控制点经复测满足施工精度等级后，由于轨道工程主要是在线下已施工完的隧道进行整体道床施工并进行铺轨作业。施工过程中只采用原设计桩，一般距线路较远，如果直接用这些控制点放样观测视线太长，给放样工作带来不便。为了减小放样定点误差且便于放样工作，必须进行点位加密导线网测量。

（1）平面加密控制测量

平面加密控制测量采用精密导线网测量，采用Ⅰ级全站仪观测水平角4个测回，距离往返观测2个测回。精密导线测量主要技术要求如表2-2所示。

精密导线测量主要技术要求　　　　　表2-2

平均边长（m）	闭合环或附合导线总长（km）	每边测距中误差（mm）	测距相对中误差	测角中误差（″）	水平角测回数	边长测回数	方位角闭合差（″）	全长相对闭合差	相邻点的相对点位中误差（mm）
350	3～4	±4	1/60000	±2.5	4	往返2个测回	$±5\sqrt{n}$	1/35000	±8

（2）水平角观测

利用Ⅰ级精密全站仪，采用左、右角观测，左、右角平均值之和与360°的较差小于4″。方向观测法水平角观测技术要求如表2-3所示。

水平角观测主要技术要求　　　　　表2-3

全站仪器等级	半测回归零差（″）	一测回内2C较差（″）	同一方向值各测回较差（″）
Ⅰ级	6	9	6

（3）距离观测

导线网边长的距离测量采用仪器测距精度：2mm+2ppm的全站仪往返观测2个测回；($a+bd$)为仪器标称精度，a为固定值，b为比例误差系数，d为距离测量值。

距离观测的主要技术要求如表2-4所示。

距离观测主要技术要求　　　　　　表 2-4

全站仪等级	一测回读数较差（mm）	测回读数较差（mm）	往返测距较差（mm）
Ⅰ级	3	4	<2（$a+bd$）

3）高程控制测量

经交桩的水准点复测，误差在允许范围内时。为便于施工测量放样，须在原设计交桩水准点基础上进行加密测量，水准加密测量采用水准测量按二等水准等级要求进行施测，并起闭于设计交桩点。

水准测量观测主要技术要求如表 2-5 所示。

水准测量观测主要技术要求　　　　　　表 2-5

水准等级	视距（m）	前后视距差（m）	前后视距累计差（m）	视线高度（m）
二等	<50	<1	<3	>0.5

水准观测测站观测限差如表 2-6 所示。

水准观测测站观测限差　　　　　　表 2-6

等级	上下丝读数平均值与中丝读数之差（mm）	基、辅分划读数之差（mm）	基、辅分划所测高差之差（mm）	检测间歇点高差之差（mm）
二等	3	0.5	0.7	2

4）线路中线控制测量

线路中线上，应设立线路起点桩、千米桩、百米桩、平曲线控制桩、转点桩，并应根据竖曲线的变化适当加桩。

线路中线桩的间距，直线部分不应大于 120m，平曲线部分宜为 60m，可根据现场实际情况加桩，定位后做好护桩以防破坏和丢失。高程以二等水准从控制点引入。

5）铺轨基标设置

（1）铺轨基标测量流程

铺轨基标测量流程如图 2-2 所示。

（2）铺轨基标测量方法

铺轨基标分为控制基标、加密基标和道岔铺轨基标（本节对道岔铺轨基标不做详述）。铺轨基标一般设置在线路中线上（也可设置在线路中线的右侧）。控制基标在直线上每 120m 设置一个，曲线上曲线元素点除了设置控制基标外，还应每 60m 设置一个；加密基标在直线上每隔 6m、曲线上每隔 5m 设置一个。然后根据铺轨综合设计图计算出铺轨基标的平面坐标和桩顶高程资料。桩顶高程 $H_{基}$ 的确定：当采用矩形及马蹄形隧

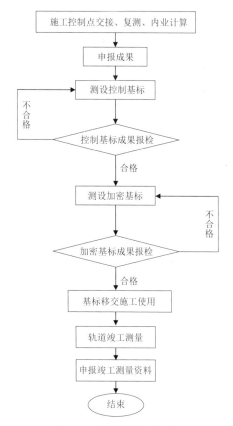

图 2-2 铺轨基标测量流程

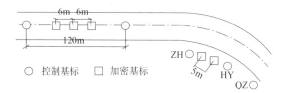

图 2-3 控制基标和加密基标布置

道时，为对应轨顶高程减去 255mm；当采用圆形隧道弹性短轨枕道床时，为对应轨顶高程减去 420mm；当采用普通短轨枕道床时，为对应轨顶高程减去 380mm。对于基标设在中线外的情况，可参考基标距线路中线的距离：弹性短轨枕道床为 1.35m，普通短轨枕道床为 1.30m，计算其平面坐标（这样铺好整体道床后可露出 8～10mm 高的铜标，方便后期铺轨拨轨使用），为后续的放桩工作准备好基础数据。在平面导线点、水准点复测成果审核通过后，进行基标布设。控制基标和加密基标布置如图 2-3 所示。

控制基标：

①初放铺轨基标桩位

根据洞内控制导线点、计算出的基标平面高程资料，放出基标桩位，测出其相应的地面高程，按"$H_{基}-H_{地}-15\mathrm{mm}$"（15mm 为考虑铜标高度和预留丝调整量而设）计算出基标埋桩高度，埋好桩供后面使用。

②测设基标铜标埋设位置

在埋好基标桩后，根据洞内控制导线点和平面资料用极坐标放样的方法精确测出铜标埋设位置（铜标直径 10mm，要保证后面所放点位不会下桩），并画出铜标中心十字线，钻眼埋好铜标，铜标露出高度 12～15mm 为宜。

③精确调整使铜标达到设计高程

铜标埋好后，依次测定其桩顶高程（两端附合到施工控制水准点上，通过严密平差计算出各点高程），算出各点调整量进行调整，然后再测定一次，对不满足要求的个别点再次调整即可。固定铜标，供后面放点使用。

④精确测设控制基标平面位置

在基标铜标埋设好且标高精调到位的情况下即可进行控制基标的平面精确定位。定位的方法采用极坐标放样的方法。置镜、后视检测合格的导线点，用盘左、盘右两次所定方向取中，再测距、移点即可得到所放点位，重复以上步骤逐个测设控制基标。需注意的是每次拨角都要重新后视，以保证放样精度；放样边长一般尽量不超过该处两控制点间长度的 2/3，在置镜下一控制点时，对相邻的最后一个放样点重新测设一次，取两次分中结果，以保证很好的搭接。

⑤加密基标测设

加密基标的测设是在控制基标检测合格的基础上进行的。测设方法同控制基标，只是其测设除了可依据导线点外，还可以依据控制基标。

⑥铺轨基标的检测和限差要求

控制基标的检测：可置镜控制基标或导线点对两个或两个以上的控制基标用方向观测法测四测回进行夹角检测（或其左、右角各测两测回），距离检测应加仪器加、乘常数改正和气象（温度、气压）改正。控制基标各项限差应满足：直线段控制基标间的夹角与 180° 较差应小于 8″，实测距离与设计距离较差应小于 10mm；曲线段控制基标间的夹角与设计值较差计算出的线路横向偏差应小于 2mm，弦长测量值与设计值较差应小于 5mm。在施工控制水准点间，应布设附合水准路线测定每个控制基标高程，其实测值与设计值较差应小于 2mm。满足各项限差要求后，基标桩进行永久性固定。

加密基标：

①加密基标在线路直线段应每 6m、曲线段每 5m 设置一个，埋设宜等高等距。

②根据控制基标采用坐标法或偏角法和水准测量方法逐一测设加密基标平面位置和高程。

③加密基标平面位置和高程测设限差：直线加密基标应满足纵向 6m±5mm，横

向上加密基标偏离两控制基标间的方向线应小于 2mm，高程上相邻加密基标实测高差与设计高差较差应小于 1mm，每个加密基标的实测高程与设计高程较差应小于 2mm。曲线加密基标平面上应满足纵向 5m±5mm，横向上加密基标相对于控制基标的横向偏距应小于 2mm，高程上的要求同直线加密基标。

2. 铺轨龙门吊走行线安装

整体道床施工时，所需的轨排、钢筋及混凝土都是依靠铺轨龙门吊从道床浇筑完工的地段吊装运输至作业面，铺轨龙门吊走行线采用的走行轨为 P24 钢轨，安装前应提前将 P24 钢轨运输至线路两侧，再进行安装，轨下采用钢支架进行支撑，间距为 1.2m，走行轨中心距为 4.1m，所以钢支架横向中心距为 4.1m，钢支架横向设在同一水平面上，纵向同线路纵坡，钢支撑与隧道管片之间采用膨胀螺栓固定，P24 钢轨与钢支撑采用扣板螺栓进行固定，保证 P24 钢轨的稳定性及铺轨龙门吊的行驶安全。

3. 基底清洁及底面处理

为确保整体道床混凝土与底板面有良好的连接，需将整体道床与施工段内管片底面进行清扫，清扫完毕之后再用高压水进行冲洗，并对积水及时清理。保证混凝土与管片底面有较强的粘贴力，确保整体道床施工质量。

4. 底层钢筋绑扎

整体道床钢筋网采用在钢筋加工厂集中下料、加工，现场绑扎焊接成型的作业方式，纵向钢筋按两相邻伸缩缝长度配料。经轨道车运输至工作面，人工倒运至施工地点，按照要求进行散布。人工绑扎固定，调整网格间距。纵向和横向钢筋间距按要求焊接，每个结构段内的纵向钢筋的搭接处必须焊接，搭接长度不小于钢筋直径的 5 倍，在搭接处采用双面搭接焊，焊缝高度不小于 6mm。上、下层钢筋都应满足混凝土最小保护层厚度的要求。

整体道床每隔 12.5m 左右设置一处 20mm 伸缩缝，U 形结构地段及洞内 100m 范围每隔 6.25m 设置一处伸缩缝。结构沉降缝处，道床亦应设置伸缩缝，其位置应避开短轨枕。伸缩缝以沥青木板形成并以沥青麻筋封顶。每段道床长度可根据结构变形缝设置、集水坑设置及过轨管线布置等情况适当调整，同时钢筋长度等也相应调整。

5. 短轨枕轨排组装

轨排组装前须做好配轨计算，并保证焊轨的需要，根据设计文件、技术资料及报经业主批准的无缝线路施工设计方案编制轨排表。直线段长度根据各坡段分段计算，配轨时应按钢轨长度和预留轨缝连续计算，并确定曲线始点前（或后）的钢轨接头。

曲线段长度以外股为依据，配轨按外股钢轨长度和预留轨缝连续计算，并确定曲线始点前（或后）的钢轨接头到曲线终点的距离。同一轨排宜选用长度公差相同的钢轨配对，相差量不得大于 3mm。

短轨枕按照设计规定数量等距悬挂，前后两块间距允许偏差为 ±10mm。枕位先用白油漆标于轨腰内侧，曲线段标于外轨轨腰内侧。短轨枕应与钢轨中轴线垂直，内外对齐，并根据不同地段组装不同型号扣件。轨排应根据铺设顺序来编号，先铺设者在上，后铺设者在下，顺序装车。

轨排组装在基地组装作业台完成。先将扣件与短轨枕组装在一起，再用弹条将组装了扣件的轨枕挂到钢轨上，组成轨弦，采用轨距控制装置将轨弦组装成25m轨排。轨排组装工艺流程如图2-4所示。

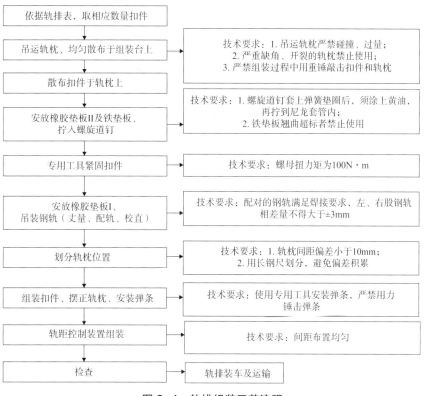

图2-4 轨排组装工艺流程

6. 轨排洞内的运输与组织

轨排在存放台用门式起重机吊放到平板车上，轨道车推至道床混凝土已施工完毕且强度已经达到70%设计强度的地段，再用两台铺轨龙门吊抬至待铺位置。

注意事项：

（1）装车时轨排间应放置垫木，且后铺轨排先装车，先铺轨排后装车。

（2）运输轨排时，轨排与平板间要绑扎牢固。

（3）停车时要及时放入铁靴，防止平板车滑行。

（4）两台龙门吊共同作业时，要专人指挥、口令统一、清晰，司机操作熟练，配合默契。

7. 轨排架设

1）在进行隧道内整体道床施工时，使用的轨排是生产好的成品轨排，铺轨时将轨排直接运至工作面，用铺轨龙门吊进行吊装及铺轨。

2）由于整体道床必须一次成形，轨道各部几何尺寸精度要求高，且在混凝土浇筑前必须把轨道各部几何尺寸调至设计值，所以如何调整轨排至设计要求是整体道床施工中的重点和难点。

轨排的调整定位程序是：先调水平，后调轨距；先调桩点，后调桩间；先调基准轨，后调另一轨；先粗调后精调的原则，反复调至符合标准为止。

（1）粗调定位：轨排经钢轨支撑架摆放就位后，以铺轨基标为基准，借助于直角道尺和万能道尺，通过钢轨支撑架、支撑杆对轨道几何状态进行粗调。要求轨道目视顺直或圆顺，标高、轨距、水平及方向偏差均不超过 ±20mm（以减少精调的工作量），内外轨枕对齐，上紧接头螺栓并保持轨缝对接。

（2）精调定位：轨排粗调完成后，采用弦线法、水准仪和万能道尺（精度允许偏差 0～+0.5mm）等工具进行精调定位作业。具体调整方法如下：

①用直角道尺检查、调整其中一股钢轨。先将立柱高度调节至基标与轨面高差相适应，再将立柱底的对准器对准基标的中心孔，道尺滑动块架在钢轨上。

②同时将万能道尺紧贴直角道尺架在左右两股钢轨上，检查两股钢轨的轨距。

③调整基标前后相邻钢轨支撑架，且先调水平再调中线。

④旋转支撑架立柱，使钢轨升高或降低，直角道尺水准气泡居中时表示该股钢轨已调至所需高度，万能道尺水准气泡居中时，表示另一侧钢轨也调至所需高度。

⑤旋转支撑架上的轨卡螺栓（先松一侧再紧另一侧）使轨排左右移动，直至直角道尺水平滑块指针读数为零。

⑥观察配合万能道尺和10m或20m长弦线丈量，旋转离基标较远的支撑架的立柱和轨卡螺栓，使钢轨平直圆顺。

⑦调轨作业中，由于钢轨支撑架的位置与线路基标不在同一断面上，钢轨与支撑架立柱又不在同一位置，以及某一支撑架调整时钢轨的刚性连动，调轨工作往往需要重复多次，反复调整，才能达到要求。

3）精调完毕的轨道几何尺寸允许偏差如表 2-7 所示。曲线正矢允许偏差如表 2-8 所示。

轨道几何尺寸允许偏差　　　　　表 2-7

序号	检查项目	允许偏差
1	轨距	−2～+4mm，变化率不应大于1‰
2	水平	4mm

续表

序号	检查项目	允许偏差
3	轨向	直线段不大应于4mm/10m弦
4	高低	直线段不大应于4mm/10m弦
5	中线	10mm
6	高程	±10mm
7	轨底坡	1/20～1/40（设计文件为1/30时）； 1/30～1/50（设计文件为1/40时）

曲线正矢允许偏差　　　　　表2-8

曲线半径（m）	缓和曲线正矢与计算正矢差（mm）	圆曲线正矢连续差（mm）	圆曲线正矢最大最小值差（mm）
$R \leq 250$	6	12	18
$250 < R \leq 350$	5	10	15
$350 < R \leq 450$	4	8	12
$450 < R \leq 650$	3	6	9
$R > 650$	3	6	9

8. 钢筋绑扎及防迷流焊接

道床设上、下两层钢筋，水沟下也设上、下两层钢筋，纵向钢筋兼做排流筋。埋入式杂散端子与道床块两端$\phi 16$圆钢进行焊接，铜端子与下部材料焊接结合处面积不小于$800mm^2$，焊接方法应满足杂散要求。整体器件铜端子表面及螺栓孔洞应具有尼龙或塑料螺栓保护措施，防止土建施工时其他杂质覆盖铜端子表面，或进入螺栓孔洞而影响其导电及连接。埋入式端子上表面与结构壁平齐，施工时应采取相应措施，防止埋入式杂散端子上表面没入混凝土。

9. 水沟模板安装

整体道床水沟设计在中间位置，增加了整体道床与隧道壁的整体性，但相应的增加了水沟的施工难度，主要是模板的固定。安装模板前要复查轨道标高及轨道中心线位置是否符合设计要求，检查预埋件及预留孔洞是否遗漏，位置是否正确，确保模板安装正确。模板支立允许偏差：位置±5mm，垂直2mm。

模板与混凝土的接触面应涂隔离剂防止沾污钢筋与混凝土接茬处，对模板及其支架应定期维修，钢模板及钢支架应防止锈蚀，模板及其支架在安装过程中，必须设置防倾覆的临时固定设施。

10. 浇筑道床混凝土

浇筑道床混凝土前，应再次检测轨道几何尺寸，确认符合验收标准后方可浇筑道床混凝土。道床混凝土采用商品混凝土，由混凝土运输车运输至浇筑位置就位后，距洞口300m范围内直接泵送入模，超过300m地方由混凝土料斗在下料口装好后运送至浇筑位置。为确保施工连续性及混凝土施工质量，每个施工段的整体道床混凝土浇筑必须一次性完成。混凝土的施工缝接缝面与道床中心线垂直，施工缝设在伸缩缝处。使用插入式振捣器振捣并加强轨枕底部及周围混凝土的捣固，道床表面需抹面整平（抹面允许偏差为：平整度3mm/m、高程 –5~0mm），及时喷洒混凝土养护剂。浇筑施工中应注意以下几个问题：

（1）为防止混凝土浇筑过程中污染扣件，浇筑前可用塑料袋对每组扣件进行遮盖。

（2）混凝土浇筑过程中注意不可碰撞钢轨，施工中随时检查轨道状态，发现问题及时处理。

（3）施工过程中对每车混凝土的坍落度均进行检查。一次浇筑段不超过100m或100m³时取样不应少于一次，混凝土应采用预拌混凝土，混凝土的施工检验应符合现行国家标准《混凝土结构工程施工质量验收规范》GB 50204—2015的规定。

（4）根据试验控制的初凝时间及时对道床表面进行抹光，确保道床表面平整。

（5）施工时注意和不同类型道床间的顺坡。混凝土浇筑后，应立即对轨道几何形状进行检查，发现不合格情况，应在混凝土初凝前及时进行调整。

（6）混凝土强度需达到5MPa后才能拆除水沟模板及钢轨支撑架。

（7）拆模后整个道床表面应光洁，不得有蜂窝、露筋、孔洞等现象，硬伤、掉角等缺陷应修补完好，麻面面积不超过该侧面积的1%。

（8）对有耐久性、抗渗等要求的混凝土和尚应进行耐久性、抗渗性的混凝土等进行检测。

11. 工艺孔填塞及道床面整修

由于钢轨支撑架纵向调节螺栓在混凝土浇筑前是用PVC管包裹的，因此在工艺孔填塞前必须将其清理掉，再用与道床板混凝土同标号的混凝土进行填塞，混凝土必须采用人工振捣密实，并且与道床面保持平整。

12. 道床养生

混凝土浇筑完毕后12~18h，进行洒水养护处理，养护时间一般不少于7昼夜，道床混凝土灌注终凝后应及时养护，其强度达到5MPa时方可拆除钢轨支撑架，混凝土未达到设计强度的70%时，道床上不得行驶车辆和承重。

13. 施工过程中监控一般工作方法

整体道床质量控制涉及轨道铺设、模板工程、钢筋工程、混凝土工程、过轨线路预埋协调、杂散电流预埋端子的处理等多个方面的问题，控制点多，涉及专业方向多且要求高，这是地下线施工监理的重点、难点和关键所在。

（1）基底必须清除干净，并经监理检查验收合格后再进行下道工序施工。轨排组装前，对基底浮砟、杂物进行全面清扫运走，待轨排架起支撑架后用高压水枪冲洗，确保基底清洁。

（2）严格隐蔽工程检查。轨排组装好、安装支撑架后，经承包人自检合格，再报监理进行隐蔽工程检查。主要检查整体道床钢筋的规格、品种、数量、间距、绑扎、焊接是否符合设计标准；检查轨道高程、中线是否符合设计要求；采用10m弦对轨顶的平顺和轨向进行量测，凡超标处必须调整达标；对轨枕间距进行量测，不符合设计、规范要求的，立即进行调整，直至达标为止。

（3）对模板安装要求达到目视平顺，安装稳固，接缝严密，不漏浆。

（4）对商品混凝土严格抽检坍落度，观察到场混凝土的和易性，同时督促施工单位按要求制作试块，待达龄期后送检试验；在混凝土初凝前，再次对整体道床的高程、中线、轨距、水平进行检查，如有变动，及时调整，把误差调整到允许范围内，确保整体道床轨道工程的质量达到设计要求。控制模板拆除时间，一般道床混凝土强度达到5MPa以上方可拆除模板及支撑架。

（5）督促承包商加强混凝土道床养护。特别是高温季节，养护不及时，会造成混凝土质量缺陷。在混凝土浇筑过程中，应经常观察模板、支架、钢筋、预埋件和预留孔洞的情况，当发现有变形、移位时，应及时采取措施进行处理。

如若混凝土表面出现缺陷需要修整，应符合下列规定：面积较小且数量不多的蜂窝或露石的混凝土表面，可用1:2～1:2.5的水泥砂浆抹平，在抹砂浆之前，必须用钢丝刷或加压水洗刷基层；较大面积的蜂窝、露石和露筋应按其全部深度凿去薄弱的混凝土层和个别突出的骨料颗粒，然后用钢丝刷或加压水洗刷表面，再用比原混凝土强度等级提高一级的细骨料混凝土填塞，并仔细捣实。对影响混凝土结构性能的缺陷，必须会同设计等有关单位研究处理。

2.2.3 事后质量控制

整体道床经施工单位自检确认符合设计要求和有关规范、规程以及资料齐全后，方可进行施工验收。现场监理应督促施工单位并协助业主进行施工验收。

1）隐蔽工程验收：钢筋绑扎；杂散电流预埋端子焊接；模板支立等。

2）施工质量验收包括如下内容：

（1）排水沟直顺；沟底坡与线路坡度一致并平顺，流水畅通，允许偏差为：位置±10mm，垂直度3mm。不同地段排水沟衔接时，在较低一端的沟底采用道床混凝土一次浇筑形成顺坡层，顺坡层的长度根据不同地段的线路坡度而定，使最终排水坡度不小于2‰。

（2）各种预埋管线和预留沟槽均应注意与结构预留口的接口。

（3）混凝土强度应符合设计规定，并应无蜂窝、麻面和漏振。表面清洁，平整度允许偏差为 3mm/m，变形缝直顺，在全长范围内允许偏差为 10mm。

（4）外露短轨枕的棱角应完整无缺，预埋件位置正确。

（5）轨道的钢轨，其扣件、接头夹板螺栓应拧紧并涂油。

（6）轨道钢轨精度应符合下列规定：

①轨道中心线：距基标中心线允许偏差为 ±3mm。

②轨道方向：直线段用 10m 弦量，允许偏差为 2mm；曲线段用 20m 弦量正矢，允许偏差应符合表 2-9 所示相关规定。

轨道曲线竣工正矢允许偏差值 表 2-9

曲线半径（m）	缓和曲线正矢与计算正矢差（mm）	圆曲线正矢连续差（mm）	圆曲线正矢最大最小值差（mm）
$R \leq 250$	6	12	18
$250 < R \leq 350$	5	10	15
$350 < R \leq 450$	4	8	12
$450 < R \leq 650$	3	6	9
$R > 650$	3	6	9

③轨顶水平及高程：高程允许偏差为 ±2mm；左右股钢轨顶面水平允许偏差为 2mm；在延长 18m 的距离范围内应无大于 2mm 三角坑。

④轨顶高低差：用 10m 弦量不应大于 2mm。

⑤轨距：允许偏差为 –2 ~ +3mm，变化率不大于 1‰。

⑥轨底坡：1/30 ~ 1/50。

⑦轨缝：允许偏差为 0 ~ 1mm。

⑧钢轨接头：轨面、轨头内侧应平（直）顺，允许偏差为 1mm。

3）监理旁站点如表 2-10 所示。

监理旁站点 表 2-10

旁站点	旁站内容	旁站要点	记录表
混凝土浇筑过程	从钢筋隐蔽验收通过、第一盘混凝土浇筑开始到混凝土全部浇筑完成的全过程进行旁站	混凝土坍落度是否满足要求	混凝土浇筑旁站记录表
		到达现场混凝土是否超过初凝时间	
		混凝土浇筑是否严密	
		混凝土试块留置是否满足规范要求	
		混凝土浇筑过程有无异常	
		施工缝留置是否符合要求	

旁站监理记录如表 2-11 所示。

旁站监理记录表（道床混凝土浇筑） 表2-11

工程名称：

旁站时间	年 月 日	天气情况	□晴□阴□小雨□中雨□大雨 ____ ℃
工程部位及名称			
混凝土浇筑开始时间	____ : ____	混凝土浇筑结束时间	____ : ____

施工情况：
1. 混凝土设计配合比：设计标号：_____，配合比单号：_____，设计坍落度：_____；
初凝时间：_____h，终凝时间：_____h，是否经过审批：□是 □否；
2. 现场人员：试验员：_____，施工员：_____，现场混凝土浇筑工_____人；
3. 施工条件：施工缝是否处理到位：□是 □否；钢筋工程是否通过验收：□是 □否；
模板工程是否通过验收：□是 □否；预埋管线是否通过验收：□是 □否；
4. 混凝土试块：计划留置混凝土抗压试块_____组，其中标养_____组，同条件试块_____组；
5. 施工设备：钢筋焊接设备：_____台，小龙门吊：_____台，是否通过验收：□是 □否

监理情况：
1. 混凝土：抽查混凝土配合比是否正确：□是 □否；到场时间是否超过初凝时间：□是 □否；
2. 抽查坍落度：
坍落度：_____mm，时间：_____；坍落度：_____mm，时间：_____；
坍落度：_____mm，时间：_____；坍落度：_____mm，时间：_____；
坍落度：_____mm，时间：_____；坍落度：_____mm，时间：_____；
3. 混凝土试件：
标□；同□；试件标号：_____，取样时间：_____；试件编号：_____；
标□；同□；试件标号：_____，取样时间：_____；试件编号：_____；
标□；同□；试件标号：_____，取样时间：_____；试件编号：_____；
标□；同□；试件标号：_____，取样时间：_____；试件编号：_____；
4. 混凝土浇筑量：_____m³，总车数：_____车
混凝土浇筑过程：浇筑过程是否连续：□是 □否； 混凝土是否存在离析现象：□是 □否；
混凝土供应是否及时：□是 □否；间隔时间最长达_____min；
5. 异常情况描述：_____
_____
_____

发现问题：

处理意见：

项目监理机构：
旁站监理人员（签字）：
年 月 日

2.3 现场见证点

现场见证点如表 2-12 所示。

现场见证点　　　　　　　　　　　　　表 2-12

序号	见证点
1	中线、高程贯通测量及调整闭合检查
2	控制 / 加密基标位置及偏差检测
3	钢轨、配件、轨枕合格证及检验
4	混凝土原材材质及配合比检查
5	钢筋材质检查、焊接工艺及质量检查
6	钢筋绑扎隐蔽检查、防迷流要求及连接端子设置检查
7	混凝土坍落度、试件制作和强度检验
8	注水观察试验

2.4 一般整体道床施工相关检查表

2.4.1 相关检查记录

相关检查记录如表 2-13 所示。

相关检查记录　　　　　　　　　　　　　表 2-13

序号	相关检查记录表格名称	检查频率
1	隐蔽工程验收记录	按检验批验收

2.4.2 检验批质量验收记录

检验批质量验收相关记录如表 2-14 所示。

检验批质量验收记录　　　　　　　　　　　　　表 2-14

序号	检验批质量验收表格名称	验收频率
1	混凝土短轨枕检验批质量验收记录表	按检验批验收
2	轨排组装架设检验批质量验收记录表	按检验批验收
3	支撑块轨排装设检验批质量验收记录表	按检验批验收
4	钢筋检验批质量验收记录表	按检验批验收
5	混凝土（施工）检验批质量验收记录表	按检验批验收
6	模板检验批质量验收记录表	按检验批验收
7	混凝土（结构外观和尺寸偏差）检验批质量验收记录表验收记录表	按检验批验收

第 3 章
碎石道床施工监理控制要点

本章执笔：邹先科　吴爱生　何颖豪

3.1 碎石道床施工监理控制要点

3.1.1 碎石道床施工工艺流程

碎石道床施工工艺流程如图 3-1 所示。

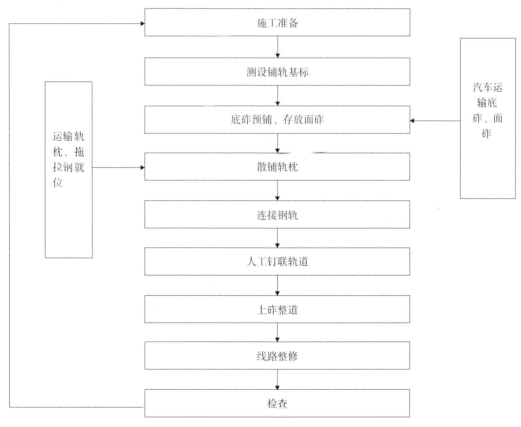

图 3-1　碎石道床施工工艺流程

3.1.2 碎石道床工序控制点

碎石道床工序控制点如表 3-1 所示。

碎石道床工序控制点　　　　　　　　　　表 3-1

部位	项目	编号	主要质量控制点	监控措施
碎石道床	铺砟	1	基标设置检查	见证检测
		2	底砟采购及进料质量（粒径、杂质等）检查	见证检测
		3	底砟铺设厚度及压实密度检测	见证检测
		4	面砟采购材质试验（品种、强度、耐磨性等）	见证检验
		5	面砟进场检验（粒径级配、颗粒形状、清洁度）	见证检验
		6	预铺道砟压实密度及平整度检测	见证检验
	轨排组装	1	钢轨、轨枕、扣件及其连接配件检查（规格、型号、外观）	检查
		2	轨枕的结构强度（静载抗裂强度和疲劳强度）	见证检验
		3	轨枕的型式尺寸（长度、高度、钉孔距和两承轨槽距离）	见证检验
		4	扣件的扣压力和疲劳强度、扣件的型式尺寸	见证检测
		5	轨道扣件及连接配件的规格、型号、铺设数量	检查
		6	每千米轨枕铺设数量及规格、型号	检查
		7	螺旋道钉锚固抗拔力不得小于 60kN	见证检验
		8	同一类型的轨枕应集中连续铺设	检查
	整道	1	铺轨后，大型机械配砟、整道作业，道床参数检测（道床横向阻力、支承刚度）	见证检验
		2	轨道静态几何尺寸检测（方向、高低、轨距、水平）	检查
		3	道床断面及轨枕中部悬空检查	检查

3.2 碎石道床施工监理过程控制

道床是轨道的重要组成部分，是轨道框架的基础，它承受来自轨枕的压力并均匀地传递到路基面上；提供轨道的纵横向阻力，保持轨道的稳定；提供轨道弹性，减缓和吸收轮轨的冲击和振动；提供良好的排水性能，提高路基的承载能力及减少基床病害；便于轨道修理作业，校正线路的平纵断面。对此，对道床材料的要求，应能满足上述功能，道砟应具有质地坚韧，有弹性，不易压碎和捣碎，排水性能好，吸水性差；不易风化，不易被风吹动或被水冲走。

本节主要针对站场碎石道床施工过程的监理工作要点进行叙述。

3.2.1 事前质量控制

1. 人员资质检查

（1）对承包人现场主要管理人员的资质进行审查，符合要求后签字确认并存档。

（2）对现场各级人员安全教育、技术交底情况进行检查。重点检查项目负责人和专职安全员的安全教育培训证，现场操作工人的三级安全教育记录，开工前的技术与安全交底记录，以及班前安全讲话记录等。

（3）对特殊工种的资格进行审查。

2. 施工机械设备检查

用于本工程的碾压施工机械、设备进场后，要求承包人填报进场设备报验单，进场的机械、设备数量、型号完好率应符合施工组织设计中的要求，经试运转一切完好，还要有一定的备品备件，项目监理在检查完毕后签发意见进行确认。

施工过程中如果更换或撤场需要经过监理部同意。

3. 对进场原材料检查验收

底砟和面砟的品种、级别及外观等质量标准必须符合《铁路碎石道床底碴》TB/T 2897—1998 和《铁路碎石道砟》TB/T 2140—2008 的规定，粒径级配、颗粒形状及清洁度等项均须符合要求，施工单位按批次全部检查及抽样检测，监理单位检查及见证检测。线路上铺设的钢轨、轨枕及扣配件必须有产品出厂合格证及技术说明书和质量证明，并符合本线设计要求。无合格证或经检验不合格的轨道材料不得上线使用。

4. 施工组织设计或专项施工方案审查

重点审查施工组织设计或专项施工方案中关于碎石道床施工技术要求、重难点分析和控制要点。

5. 技术准备要点

（1）核对施工图审查记录，确定已经通过了有关部门的审查。

（2）项目监理部要对施工图设计文件进行审查提出审核意见，图纸会审后由项目总监或总监代表对设计文件的主要内容在监理部内部进行交底。

（3）检查承包商是否进行了技术交底，交底是否全面、具体。

（4）铺砟前应取得线下施工单位测量资料、中桩、基桩和水准点，并进行铺砟前路基面检查，复测线路中桩、基桩、路基面高程，形成交接记录。

3.2.2 事中质量控制

1. 线路临时中心桩测设

线路临时中心桩采用木桩，其设置目的是为了指导摆放钢轨、轨枕及指示摊铺道砟的方向和厚度使用。设置间距为直线 50m，根据曲线半径及曲线长度 10～20m 设置一个。

2. 钢轨、轨枕的运输

在土建单位移交场地后，轨道施工前应用装载机按照配轨计算表要求先将钢轨大致拖到指定位置，在轨枕进场后依据临时中心桩指示在线路沿线将轨枕分垛堆放到位。

3. 道砟摊铺、临时碾压

道砟采用自卸汽车运输，运至指定位置后卸车，由装载机负责摊开，人工整平。道砟的摊铺方向以临时中心桩为准，摊铺厚度根据轨面标高及轨道结构高度确定，摊铺厚度至轨枕底部标高，摊铺应分层进行，单层道床地段可一次性铺设至设计厚度，双层道床地段应分层进行，防止由于摊铺厚度过高而影响碾压质量。在道砟碾压时压路机应采用静压模式，防止由于过分振动使道砟嵌入路基，破坏路基面而影响道床排水，出现翻浆冒泥现象。

4. 铺轨基标测设

铺轨基标材料选用 $\phi 25$ 钢筋，钢筋顶面切割成"十"字丝，采用高精度的全站仪进行基标位置放样，位置设置在线路中心，大致确定位置后，挖一个直径 30cm，深度 20cm 的坑将基标植入，采用混凝土包裹固定，基标顶面低于路基面 3cm 左右。在进行基标放样时，直线地段每隔 20m 设置一个，曲线地段设置间距为 10m。

5. 散布轨枕、摆放钢轨

散布轨枕时依据铺轨基标位置及轨枕长度在道床两侧拉设施工线控制轨枕摆放位置，轨枕布置时按照设计要求进行设置，轨枕摆放时必须保证平整，防止由于道床面的凹凸在钢轨落槽时压坏轨枕。钢轨采用特制吊架及手拉葫芦将摆放在道床两侧的钢轨吊起，落入承轨槽内，钢轨间采用铁路专用鱼尾板连接。在木枕地段，钉道时根据轨枕位置先钉设其中一股钢轨，曲线地段先钉设内股，再根据轨距要求钉设另一股钢轨。混凝土枕地段必须在螺旋道钉锚固后再连接钢轨，在锚固时注意保证螺旋道钉的位置准确，防止由于位置偏差而影响轨道几何尺寸。

6. 连接钢轨安装扣配件

在连接钢轨前，利用撬棍拨动钢轨，按照设计要求预留轨缝，安装鱼尾板、螺栓及垫圈，并按规定力矩拧紧螺帽。之后按照轨排表中所注明的轨枕间距，用粉笔在轨面上划出间距印，并用白油漆在轨腰上打上正式点位，然后用起道机顶起钢轨，将轨枕方正放入轨下绝缘垫板，落下起道机，再将扣件按规定规格、数量散放在钢轨两侧轨枕上，将各种扣件依次放入承轨槽内，用小撬棍将扣件拨正落槽，最后用梅花扳手拧紧螺帽。

7. 混凝土枕锚固

轨枕锚固工艺一般分为两种：一种是正锚；另一种为反锚。正锚应用于轨枕数量相对较少的情况下，可在轨枕散布后在施工现场直接锚固，施工场地机动灵活。反锚适合于轨枕数量相对较多，现场锚固速度无法满足施工生产需要的情况。根据停车场的具体情况，采用正锚的方式比较合适。

（1）锚固所需材料及质量要求

①硫磺

硫磺用一般工业用粉状或块状硫磺，含硫量不低于95%，其中不得含有木屑等杂物，并要求保持干燥，使用前要经机械破碎，并通过5mm孔径的筛子过滤。

②水泥

水泥用普通硅酸盐水泥，标号不限，最好不低于400号。

③砂子

砂子在锚固体中起骨料作用。粒径不得大于2mm，使用前应在钢板上加热烘烤，除去水分。

④石蜡

石蜡为一般工业用石蜡，在锚固体中起防水绝缘作用，使用前应加工成粒径为5mm左右的碎块。

（2）熬制硫磺水泥砂浆的配合比

硫磺水泥砂浆的质量要通过试件检验。要求试件的抗压强度不低于40MPa，抗拉强度不低于4MPa，每个螺旋道钉的抗拔力不少于60kN。

施工时每锚固1000～1500根轨枕要做一组试件（三块5cm×5cm×5cm），检验抗压强度。每锚固2000～4000根轨枕，要做一组检验抗拔力的试件。

在一般情况下配合比可按照硫磺∶砂∶水泥∶石蜡=1∶（1～1.5）∶（0.3～0.6）∶（0.01～0.03）。当少量施工时可采用硫磺∶砂∶水泥∶石蜡=1∶1.5∶0.5∶0.02。

（3）熬制硫磺水泥砂浆的施工工艺

根据车辆段新Ⅱ型预应混凝土轨枕的锚固工作量，采用铁锅作为熬制容器。其制浆工艺为：

①按照配合比分别称好各种材料，要求误差不超过1%。

②将砂倒入，加热到100～120℃，将水泥加入到锅内，加热搅拌均匀，温度达到130～150℃时，再将硫磺、石蜡一起倒入锅内搅拌，继续加热搅拌使硫磺熔液拌合均匀，并由稀变稠成液态胶状，当温度达到140～180℃时，即可出浆注入温浆锅内使用。

③出浆后如果出现气泡，浆液应在温浆锅内继续维持140～180℃的温度，使浆液内的残余水分完全挥发，不再出现气泡时即可使用。

（4）螺旋道钉的锚固方法

锚固方法大致为：首先将轨枕放平，摆放锚固板，从上到下灌注砂浆，并插入螺旋道钉。具体操作程序如下：

①工作场地平整后，沿着轨枕承轨槽两侧各200mm铺垫一层厚度为30～60mm的砂子，然后散放轨枕，要求放置平稳整齐。

②清除轨枕锚固孔内的杂物，保持孔内干燥。

③用干砂子填堵锚固孔底（不得使用潮湿的砂子或黏土），为防止灌注时漏浆，要用木棒捣实。锚固高度以保持锚固深度160mm为准。

④在承轨槽位置安装特制锚固板，用盛浆小提桶将硫磺砂浆灌注入锚固孔内，灌

注至离轨枕承轨槽面 20mm 为止，使插入螺旋道钉后，砂浆顶面与承轨面平齐，每个孔要求一次性灌注成功。

⑤灌注入硫磺砂浆后，应迅速将螺旋道钉插入锚固孔内，不可耽搁时间过长。插入道钉时不可用力过猛，以免砂浆飞溅而出，要左右旋转慢慢地垂直插入，不得歪斜。插入后，螺旋道钉中心与锚固孔中心的偏离不得超过 2mm。螺旋道钉方盘底面与承轨槽面的空隙保持 2mm 左右。

⑥硫磺砂浆锚固后，及时将轨枕承轨面上的砂浆块铲除干净并收集起来，以免影响扣件安装。

8. 面砟填补

当线路基本成型后，利用平板车及装载机将预先存放在砟场内的道砟运输至上砟位置，人工沿线路根据需求量卸车，使轨枕间道砟饱满，线路两侧留有备用砟。

9. 起道、捣固及养护

面砟补充后采用起道机将轨道起至设计标高，利用铺轨基标和直角道尺控制轨道的标高和方向。使线路直线地段平直，曲线地段圆顺，并采用顺高低的办法，重点顺平高低不平地段。捣固采用铁路专用液压捣固机进行捣固，保证整个道床密实、牢固，使行车安全平稳。

10. 填补道砟、路容休整

当线路状态基本达到设计要求后，对全线范围内的道床进行补砟及路容休整，包括曲线地段外侧，轨枕之间，道床边坡等位置，应按照设计要求进行整修，保证轨道安全平稳，路容美观整齐。

11. 沉落整修

当整个轨道成型后，随着时间、气候及通车次数的增加，个别位置的轨道会产生沉降现象而影响行车质量，这时必须对全线进行统一检查整修，并配合以工程重车进行压道，使线路存在的薄弱位置全部暴露，之后再加以整修。这样反复进行才能保证整个线路安全通畅。

12. 施工过程中监控一般工作方法

碎石道床轨道施工质量标准依据《铁路轨道工程施工质量验收标准》TB 10413—2018 的相关规定。

（1）铺轨前铺砟

①底砟层的主要功能是隔离道砟层和基床表层，防止上层道砟压损下层路基表层，同时对从道砟道基床表层的渗水起缓冲作用，防止基床表层在暴雨时被冲刷。底砟和道砟的品种、级别及外观等质量标准必须符合《铁路碎石道床底砟》TB/T 2897—1998 和《铁路碎石道砟》TB/T 2140—2008 的规定，粒径、级配、杂质含量等项均须符合要求，施工单位按批次全部检查及抽样检测，监理单位检查及见证检测。

②底砟压实密度不低于1.6g/cm³，底砟厚度允许偏差为±50mm，半宽允许偏差为0~50mm。

③预铺道砟：无缝线路预铺道砟压实密度不低于1.6g/cm³，砟面平整度用3m靠尺检查不得大于30mm。有缝线路单层道床轨道，铺轨前每股钢轨下预铺砟带宽度不得小于800mm，厚度150~200mm。

施工单位按规定抽检，监理单位见证检测。

（2）有砟轨道铺设

拨道允许偏差如表3-2所示。轨道曲线（20m弦量）调整正矢允许偏差如表3-3所示。

拨道允许偏差 表3-2

检查项目	正线	车场线
轨距	−2~+4mm，变化率不应大于1‰	−2~+6mm，变化率不应大于1‰
水平	4mm	5mm
轨向	直线段不大应于4mm/10m弦	直线段不大应于5mm/10m弦
高低	直线段不大应于4mm/10m弦	直线段不大应于4mm/10m弦
中线	10mm	10mm
高程	±10mm	±10mm

轨道曲线（20m弦量）调整正矢允许偏差 表3-3

曲线半径（m）	缓和曲线正矢与计算正矢差（mm）	圆曲线正矢连续差（mm）	圆曲线正矢最大最小值差（mm）
$R \leq 250$	6	12	18
$250 < R \leq 350$	5	10	15
$350 < R \leq 450$	4	8	12
$450 < R \leq 650$	3	6	9
$R > 650$	3	6	9

3.2.3 事后质量控制

碎石道床经施工单位自检确认符合设计要求和有关规范、规程以及资料齐全后，方可进行施工验收。现场监理应督促施工单位和协助业主进行施工验收。

1）铺轨轨缝质量检验，当轨温未超过$t±C/0.0118L$时，应按预留轨缝公式计算的λ值为准C为钢轨接头阻力和道床纵向阻力限制钢轨自由胀缩的数值（mm），钢轨长度小于等于15m及长度大于15m的C值分别为2mm和4mm，但历史最高，最低轨温差大于85℃地区，铺设钢轨长度大于20m的轨道，C值应采用6mm。检查结果应符合下列规定：

（1）检查段内实际轨缝的平均值，以计算轨缝值为标准允许偏差为±2mm。

（2）轨温小于当地历史最高轨温时，不得有连续3个及以上的瞎缝。

（3）不得出现最大构造轨缝（计算值等于最大构造轨缝时除外）。

2）轨道上个别插入的短轨，正线轨道不得小于6m，站线不得小于4.5m。

3）在信号机处的两钢轨绝缘接头应为相对式，轨缝不得小于6mm。位置应符合设计及下列规定：

（1）出站（包括出站兼调车）信号机处绝缘接头可设在信号机前方1m至后方6.5m范围内。

（2）调车信号机处绝缘接头可设在信号机前方1m至后方1m范围内。

（3）安装在警冲标内的钢轨绝缘接头除渡线外，应安装在距警冲标计算位置不小于3.5m，距警冲标实际位置不大于4m的范围内。

（4）绝缘接头不得设异型接头。

4）接头螺栓扭矩应符合设计要求。

5）扣件扭矩及安装不良率应符合设计要求。

6）接头螺栓及扣件应涂刷有效期不少于2年的油脂。

7）轨道工程完工后，应进行动态质量检查。

3.3 监理旁站点

碎石道床施工无监理旁站点。

3.4 现场见证点

现场见证点如表3-4所示。

现场见证点　　　　　　　　　　　表3-4

序号	见证点
1	基标设置检查
2	底砟质量检查
3	底砟铺设厚度及压实密度检测
4	道砟采购材质试验（品种、强度、耐磨性等）
5	道砟进场检验（粒径级配、颗粒形状、清洁度）
6	道砟采购材质试验（品种、强度、耐磨性等）
7	预铺道砟压实密度及平整度检测
8	轨枕的结构强度（静载抗裂强度和疲劳强度）
9	轨枕的型式尺寸（长度、高度、钉孔距和两承轨槽距离）
10	扣件的扣压力和疲劳强度、扣件的型式尺寸

续表

序号	见证点
11	螺旋道钉锚固抗拔力不得小于60kN
12	铺轨后,大型机械配砟、整道作业,道床参数检测(道床横向阻力、支承刚度)

3.5 碎石道床施工相关检查表

碎石道床施工相关检查表如表3-5所示。

碎石道床施工相关检查表　　　　表3-5

序号	检验批质量验收表格名称	验收频率	备注
1	铺底砟检验批质量验收记录表	按检验批验收	
2	铺道(面)砟检验批质量验收记录表	按检验批验收	
3	碎石道床线路铺枕检验批质量验收记录表	按检验批验收	
4	铺轨检验批质量验收记录表	按检验批验收	
5	有缝线路铺轨检验批质量验收记录表	按检验批验收	
6	碎石道床有缝线路起拨道、整道检验批质量验收记录表	按检验批验收	

第4章
钢弹簧浮置板整体道床施工监理控制要点

本章执笔：帅小兵　谢海南　王一卓

4.1 钢弹簧浮置板整体道床施工监理控制要点

4.1.1 钢弹簧浮置板整体道床施工工艺流程

钢弹簧浮置板整体道床施工工艺流程如图4-1所示。

图4-1 钢弹簧浮置板整体道床施工工艺流程

4.1.2 钢弹簧浮置板整体道床工序控制点

钢弹簧浮置板整体道床工序控制点如表 4-1 所示。

钢弹簧浮置板整体道床工序控制点

表 4-1

部位	项目	编号	主要质量控制点	监控措施
钢弹簧浮置板整体道床	基标设置	1	中线、高程贯通测量及调整闭合检查	见证检测
		2	控制/加密基标位置及偏差检测	见证检测
		3	基标牢固及标志检查	检查
	钢弹簧浮置板轨排组装架设	1	轨排设计审核	审核
		2	钢轨、配件、轨枕合格证及检验	见证检验
		3	钢轨调直、头部检查、处理；扣件检查	检查
		4	支撑架架设间距及牢固度，架设位置检查	检查
		5	轨枕间距、位置偏差	检查
		6	钢轨接头位置、轨面平顺、轨缝偏差检查	检查
		7	轨距、水平、高低、方向、高程、轨底坡偏差检查	检查
		8	曲线正矢偏差检查	检查
		9	施工单元轨排搭接长度检查	检查
	整体道床混凝土	1	混凝土原材材质及配合比检查	见证检验
		2	钢筋材质检查、焊接工艺及质量检查	见证检验
		3	隧道仰拱、回填层检查及清理	检查
		4	回填层预埋件位置、牢固度检查	检查
		5	钢筋绑扎隐蔽检查、防迷流要求及连接端子设置检查	见证检测
		6	模板、预留孔洞、预埋件检查	检查
		7	防淹门、人防门、开槽及管线设置检查	检查
		8	轨枕界面剂涂刷检查	检查
		9	钢轨、扣件、轨枕防污染措施检查	检查
		10	混凝土搅拌、浇筑、振捣检查	旁站监控
		11	混凝土试件制作和强度检验	见证检验
		12	中线、外形尺寸偏差检查	检查
	排水及伸缩缝	1	伸缩缝材料规格、外观、尺寸验收	检查
		2	道床横向排水坡、纵向排水沟平顺及外观检查	检查
		3	伸缩缝位置、宽度检查	检查
		4	橡胶密封条的安装	检查
		5	注水观察试验	见证检验

4.2 钢弹簧浮置板整体道床道岔施工监理过程控制

钢弹簧浮置板整体道床是将整体道床与基础结构分离,由支撑在基础上的隔振器(钢弹簧、阻尼剂、外筒)和钢筋混凝土浮置板组成,其中上部的浮置板可以提供足够的惯性质量来抵消车辆所产生的动荷载,下部基础主要是承受静荷载和少量余动荷载,是地铁道床结构形式中施工难度大、施工周期较长的工程。浮置板道床组成如图4-2所示。隔振器主要由三部分组成:(1)外套筒,浇筑在浮置板里;(2)螺旋弹簧隔振器,放在现场支承板之间外套筒内;(3)弹簧隔振器上的高度调节装置。

(1)　　　　(2)　　　　(3)

图4-2　浮置板道床组成

本节主要针对地铁地下线钢弹簧浮置板整体道床施工过程的监理工作要点进行叙述。

4.2.1 事前质量控制

1. 人员资质检查

(1)对承包人现场主要管理人员的资质进行审查,符合要求后签字确认并存档。

(2)对现场各级人员安全教育、技术交底情况进行检查。重点检查项目负责人和专职安全员的安全教育培训证,现场操作工人的三级安全教育记录,开工前的技术与安全交底记录,以及班前安全讲话记录等。

(3)对特殊工种人员(如电工、电焊工、起重工、司索工和信号工等)的资格进行审查。

2. 施工机械设备检查

对用于本工程的电焊机、顶升设备、铺轨龙门吊等主要施工机械设备进场后,要求承包人填报进场设备报验单向监理部报验,监理工程师经过现场检查验收后签署意见。施工过程中如果更换或撤场需要经过监理部同意。监理工程师应检查主要设备的配备和运行情况。

3. 对进场原材料检查验收

对进场钢筋、焊条等原材料产品的质保书、合格证、准用证及混凝土配合比，见证材料取样及送样，复试合格后方可使用。

4. 施工组织设计或专项施工方案审查

重点审查施工组织设计或专项施工方案中关于钢弹簧浮置板整体道床道岔施工技术要求、重难点分析和控制要点。

5. 技术准备要点

（1）核对施工图审查记录，确定已经通过了有关部门的审查。

（2）项目监理部要对施工图设计文件进行审查提出审核意见，图纸会审后由项目总监或总监代表对设计文件的主要内容在监理部内部进行交底。

（3）检查承包商是否进行了技术交底，交底是否全面、具体。

（4）检查现场技术准备工作，如混凝土配合比选定报告、测量桩位平面布置图、进度形象图、各种施工记录表等是否准备就绪。

（5）做好监理交底，施工前组织召开监理交底会议，就监理纪律、监理方式、验收程序、工艺环节技术要求等，向施工单位进行交底。同时，在图纸会审后由项目总监或总监代表根据设计文件的主要内容在监理部内部进行交底。

6. 施工前准备要点

（1）浮置板基底混凝土施工

浮置板位置隧道仰拱混凝土施工误差标准：垂直方向允许偏差为 –5 ~ 0mm，位置允许偏差为 ±5mm；隔振器套筒的位置表面应平整，允许偏差为 ±2mm/m^2。基底应设置变形缝，变形缝间距12.5m，以增加对差异性沉降的适应性，宽度为20mm，变形缝做法同一般整体道床。不满足要求的部位一定要进行整体打磨或垫高处理，严禁采用在混凝土表面局部垫高或挖深的方法来满足隔振器放置要求。

（2）铺设隔离层

铺设前混凝土表面要清理干净，根据设计图纸，标识出所有隔振器的准确安装位置，然后在浮置板基础和隧道边墙相应位置铺上厚度不小于1mm的塑料薄膜（比如聚乙烯等），以防止浇筑浮置板时新混凝土和下部粘结在一起。所使用的塑料薄膜上表面可为粗面，允许采用一些加强与浮置板粘接的措施，使顶升浮置板时，能粘在浮置板上。隔离层接合处必须用较宽的透明胶带进行无缝粘合，铺设时隔离膜两端上翻至基底台面伸出约300mm，并可靠固定，其铺设完毕后进行检查，不得有破损现象。后续施工时，应采取临时措施保证隔离层完好。铺设隔离层如图 4-3 所示。隔离层及基础水沟盖板铺设施工如图 4-4 所示。

图 4-3　铺设隔离层

图 4-4　隔离层及基础水沟盖板铺设施工

4.2.2　事中质量控制

1. 浮置板道床基础混凝土施工

（1）按照线路走向设置线路中心基标，间距 3m，再利用精密水准仪（精度 0.01mm），对基标进行测设，详细准确记录测量数据。

（2）根据线路中心基标布置位置在线路中心两侧对称设置控制螺栓，螺栓为 $\phi 18$ 细丝螺栓，螺母为上下两颗，以方便锁定，螺栓用电钻在管片上打孔，再植入孔内，用水泥浆铆固。

（3）待控制螺栓设置完成之后，采用直角道尺按照事先计算好的标高调整量进行调整，调整到位后用上下螺栓锁定标高。

（4）浇筑混凝土时先采用人工找平，大致浇筑至设计标高后用施工线横向纵向连接在两个控制螺母之间进行标高精确定位。

（5）在收光抹面过程中，采用强光手电筒沿着基础表面照射，在强光手电筒的照射下基础表面的平整度一览无余，然后再根据观察情况进行表面处理。

（6）在混凝土达到一定强度之后拆除控制螺母及露出基础表面的螺栓头，再用高强灌浆料抹平螺栓处。

（7）在施工放样时注意控制螺栓位置应该避开隔振器位置。

2. 隔离层及基础水沟盖板铺设施工

由于钢弹簧浮置板为双层道床结构即基础和道床板两层，而且在道床板施工完毕后道床板需要顶升，以实现"浮置"效果，因此在施工道床板之前应采取措施使上下两层在道床板浇筑后顶升时能够顺利分层。根据设计要求，施工道床板之前应在基础混凝土表面及道床板所覆盖范围内覆盖厚度为不小于 1mm 的透明塑料布以起到隔离作用。

在铺设隔离层之前应根据设计要求提前计算出每个断面上需要隔离层的长度，再根据要求截取,在隔离层之间搭接时搭接长度应不小于30cm,搭接处采用强力万能胶粘结,注意涂抹万能胶时必须均匀,防止个别地方由于不均匀而漏浆致使道床板与基础粘结影响顶升,并且应在基础表面及隧道管片上道床混凝土能够覆盖的范围内涂抹万能胶铺设隔离层,以防止浇筑混凝土时隔离层产生横向或纵向位移。

由于钢弹簧浮置板的排水系统为道床内排水(基础中间沿线路中心设置排水沟),而道床板为一个整体,因此为防止在浇筑道床板混凝土时混凝土压穿隔离层,影响顶升,在基础水沟上加盖刚性水沟盖板,盖板上设置拉环与道床板钢筋焊接并直接与混凝土浇筑成整体以方便顶升,为防止盖板对接处漏浆,盖板间应焊接,与基础面接头处用玻璃胶封堵。隔离层及基础水沟盖板铺设施工如图4-5所示。

3. 浮置板道床隔振器定位施工

隔振器是钢弹簧浮置板整体道床的核心部件,其定位的准确性直接影响到隔振器的减振效果。在定位时应直接采用高精度的全站仪进行施工放样,放样出隔振器的中心位置,再根据隔振器的半径确定出其定位轮廓,然后按照设计要求依次摆放特定型号的隔振器。隔振器的在定好位后,必须用透明玻璃胶将其与隔离层粘结固定。固定好后用玻璃胶将隔振器边缘封堵,防止漏浆。

4. 浮置板道床轨排架设施工

利用下承式轨排支撑架进行轨排架设,其调整方式与普通道床轨排的调整方式相同。浮置板道床轨排架设施工如图4-6所示。

图4-5 隔离层及基础水沟盖板铺设施工

图4-6 浮置板道床轨排架设施工

5. 剪力铰及伸缩缝板安装

为保护钢轨不受大的额外剪力,在浮置板之间的接头处设置了5根剪力铰,剪力铰和剪力筒分别埋设在两块相邻浮置板中间,纵向可以相对自由伸缩,径向刚度很大,可以传递垂向载荷,这样可以保证相邻浮置板之间协同受力,接头处变形基本一致,钢轨不额外受剪。

在安装剪力铰之前必须按照设计要求安装伸缩缝板（此板只是过渡形式，在顶升前应将其取出，其材料为两个三合板中间夹块泡沫板，因此很容易取出）。伸缩缝板安装完毕之后应在设计位置安装剪力铰，由于剪力铰为两个部分且容易活动，安装难度较大。为保证其安装定位准确及安装牢固，应设计和加工安装剪力铰的专用机具，其中横梁（为一根小型槽钢，共两根，直线段与曲线段不同，夹在伸缩缝板两侧）上根据设计要求钻有孔，拉杆为一根螺栓，下部钩住剪力铰中轴，上部由螺母固定在横梁上。在浇筑道床板混凝土过程中应时刻注意剪力铰是否变形，若发生变形应及时纠正。待混凝土浇筑完毕之后，并且达到初凝后，方可拆除剪力铰固定部件。剪力铰（内置式）如图 4-7 所示。安装伸缩缝板如图 4-8 所示。

图 4-7　剪力铰（内置式）

图 4-8　安装伸缩缝板

6. 浮置板道床道床板混凝土浇筑施工

浮置板整体道床混凝土浇筑可采用泵送的方式，也可采用"轨上轨"方式，"轨上轨"方式具体施工程序如下：

（1）根据钢轨架设高度设计加工一定长度的横梁（采用工字钢），横向支撑在隧道管片上，并用铆固螺栓固定，横梁间距 3m。

（2）制作带轮对的料斗车（料斗车两侧设计有卸料口）及改装后能够在轨道上行驶的翻斗车做动力牵引车，轮对采用标准轨距 1435mm。

（3）将龙门吊走行轨（24kg/m）安装固定在横梁上，轨距 1435mm，安装时将走行轨沿道床板板端延伸 6m，以方便混凝土吊装。

（4）混凝土采用轨道车运输，待混凝土运输至施工现场时，用铺轨龙门吊将料斗车吊运到走行线上，最后用动力牵引车运至工作面。

（5）整体道床混凝土的浇筑要求与基础混凝土施工基本相同，但应特别注意以下情况：

①由于钢筋网比较密集，因此在混凝土振捣时必须快插慢拔，保证道床板混凝土的密实度。

②在浇筑混凝土之前应用塑料袋对钢轨扣件进行包裹，钢轨混凝土挡罩必须随时罩在钢轨上。

③道床面排水横坡按照设计要求设置。

④及时对溅在钢轨及扣件上的混凝土进行清理（图4-9）。

⑤轨排支撑架拆除完毕之后，先将螺栓孔内的PVC管及其他杂物清除，再用清水润湿，最后用与整体道床混凝土同标号的混凝土进行填补，填补时用人工捣实，抹面要与道床面同样平整，不得留有错台。

⑥承轨槽内混凝土抹面高度与木垫板底平齐。

图4-9　及时对溅在钢轨及扣件上的混凝土进行清理

7. 浮置板道床道床板顶升施工

钢弹簧浮置板道床道床板顶升施工是钢弹簧浮置板道床施工的最后一道工序，其主要施工原理是利用液压千斤顶逐个将钢弹簧压缩致使道床板抬升，然后利用高度调整片将顶升高度锁定，再松开液压千斤顶液压阀，取出千斤顶，最后利用精密水准仪及观测点对顶升高度进行检测。具体施工步骤及要求如下：

①道床板混凝土在养护28d之后才能实施顶升作业。

②在实施顶升作业前的准备工作中，提前清理检查孔内垃圾并按照设计尺寸加工检查孔盖板。

③清理钢弹簧浮置板道床两端过渡段水沟内的垃圾及积水，保证水沟流水畅通，防止隔振器在顶升后浸泡在水中，导致阻尼剂泄漏，影响减振效果。

④顶升前应用橡胶密封条密封道床板与隧道管片交接位置及道床板板间伸缩缝位置，以免顶升后有杂物落入道床板与基础之间影响减振效果或致使道床板发生断裂。

⑤在满足强度要求之后，在每块道床板（每块长度30m）上对称布置3对6个观测桩。

⑥打开隔振器外套筒顶盖，在外套筒内中心位置按照设计要求安装横向限位螺栓，然后安装钢弹簧（图4-10），注意隔振器不能倒置，防止黏滞阻尼剂外流。

图 4-10　隔振器内弹簧安装

图 4-11　浮置板顶升

⑦在每个隔振器位置依次摆放不同规格及型号的调整片。

⑧顶升应逐渐调整顶升高度，不得一次性顶升至设计高度，防止由于道床板受力不均匀而发生断裂（图 4-11）。

⑨顶升至设计标高后安装锁定板及隔振器外套筒顶盖（图 4-12）。

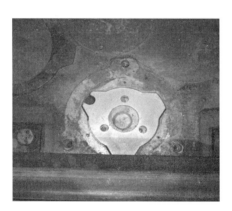
图 4-12　顶升完成后安装锁紧板

8. 施工过程中监控一般工作方法

钢弹簧浮置板整体道床的施工有很多道工序，有很多要点必须执行，但监理工程师不可能对每道工序，每个要点都进行验收签证，应该是在承包商（施工单位）自检合格的基础上由监理人员对一般工序进行抽检，对隐蔽工序关键环节进行验收签证。

（1）检查承包商的施工工艺是否符合技术规范的规定，是否按开工前监理工程师批准的施工方案进行施工。监督承包商在每一分项工程开始实施前均要做好作业技术交底。

（2）材料及设备进场时，监理工程师检查"工程材料、构配件、设备报审表"，检查厂家资质及与实物批号一致的出厂合格证和出厂试验单，按相关规定取样检验。监理工程师抽查实物，旁站取样，必要时增加取样数量。检查施工中所使用的原材料、混合料是否符合经批准的原材料的质量标准和混合料的配合比要求。

（3）对每道工序完成后进行严格的检查验收，合格后才能进行下道工序施工。待隐蔽工序或单项工程完工，必须经承包商专职质检工程师自检合格后报监理工程师检验签证后方能进行隐蔽或下一道工序的施工。

（4）对承包商测量放线的控制，测量工程师对放线结果进行复验和确认，保证施工放线的准确。铺设前会同承包商对中线、高程、轨距、正矢水平进行检查，对锁定时的轨温严格控制，各专业接口设备的安装进行联合检查签证。

（5）对施工过程进行巡检，对浇筑混凝土进行旁站监理，发现影响工程质量的行为和现象及时纠正，必要时上报业主下达停工令。

（6）机械设备进场前，审查承包商报送的进场设备清单，要求列出进场机械设备的型号、规格、数量、技术性能（技术参数）、设备状况和进场参数。机械设备进场后，根据进场设备清单进行核对并对工作状态进行现场检查。

（7）审查承包商作业人员的上岗资格，监督相关管理人员到位情况，作业活动的直接负责人（包括技术负责人）、专职质检人员、安全员，与作业活动有关的测量人员、材料员、试验员必须在岗。

（8）钢弹簧浮置板整体道床的铺设位置、种类应符合设计规定。

（9）轨道、套筒、剪力铰及配件应按设计图铺设，轨道必须落槽，套筒应平直，轨撑与轨头下颚和垫板挡肩应密贴。

（10）钢轨及钢筋等的精度调整合格后，必须牢固固定，经隐蔽工程检查合格后，应及时浇筑道床混凝土；严格执行隐蔽工程验收制度，坚持上道工序不经检查验收不准进行下道下序的原则；旁站混凝土浇筑过程。

（11）定位所有的外套筒，然后根据图纸要求布筋。对套筒周围的布筋要特别注意以防套筒移动。钢筋笼要与套筒上伸出的钢筋连接确保在浇筑期间外套筒的固定，要确保塑料隔离层不被损坏。

（12）混凝土的施工需特别注意以下问题：

①混凝土的强度、耐久性、密度和稳定性等方面的责任最终由轨道承包商承担。按照浮置板的设计高度浇筑混凝土，特别注意上表面高度控制，施工时的标高比正常工作状态时的标高，要预留出设计顶升高度。混凝土的水灰比不大于0.6；最小水泥用量为270kg/m^3。

②混凝土应由国家标准规定的原料配制而成。混凝土的浇筑要参照现场实际情况和工程实践经验进行。所有混凝土的搅拌和浇筑都应在监理工程师的监督下进行。

③使用缓凝水泥以便产生较少水化热（如高炉硅酸盐水泥或矿渣硅酸盐水泥），不

得使用外加剂加速凝固，否则会产生很高的水化热。

④砂子应从优到次分类，最大粒径4mm，砂子中不应含有泥土等其他有机质。

⑤大骨料应选用坚实、耐久和干净的石头并按规格4～16和16～20mm分类。所有的石子应不含砂土、沥青、陶土等有害成分。

⑥为方便施工，根据现场条件选用混凝土时，要根据配筋的密度选择恰当的骨料。

⑦钢筋笼和预埋件就位后，经监理工程师现场检查确认后方可浇筑混凝土。

⑧整块浮置板的混凝土须连续浇筑。除图纸注明外，混凝土施工中不得留有施工缝。不经允许的施工缝将产生裂缝并降低浮置板的强度。

⑨浇筑前确保现场有足够的材料、设备和人力以保证工作顺利进行。

⑩按照要求确保钢筋保护层厚度。

⑪根据国家标准每块板至少要做6个试块，以检测混凝土的强度。做完试验后，记录试验结果。

（13）注意避免以下问题：

①避免搅拌时间太短、振捣棒数量不足、振捣操作不规范、漏振。

②避免过高的浇筑高度（最高1m）。

③特别注意根据标准要求和当地条件进行混凝土养护。

④浮置板在达到设计强度并得到监理工程师的同意后才可以顶升。

4.2.3 事后质量控制

钢弹簧浮置板整体道床经施工单位自检确认符合设计要求和有关规范、规程以及资料齐全后，方可进行施工验收。现场监理应督促施工单位并协助业主进行施工验收。

1）隐蔽工程验收：钢筋笼验收合后才能进行浇筑等。

2）施工质量验收：对于整体道床一般按照一组为一个检验批验收。

（1）不同地段排水沟衔接时，在较低一端的沟底采用道床混凝土一次浇筑形成顺坡层，顺坡层的长度根据不同地段的线路坡度而定，使最终排水坡度不小于2‰即可。

（2）正线轨道调整精度应符合《地下铁道工程施工质量验收标准》GB/T 50299—2018及《铁路轨道工程施工质量验收标准》TB 10413—2018中的相关要求。

（3）道床钢筋网施工时，应按杂散电流专业的要求焊接钢筋，并请该专业参加隐蔽工程检查。根据杂散电流专业的要求，每段整体道床内的纵向钢筋如有搭接，必须进行搭接焊。整体道床内的横向钢筋应电气连续，若有搭接，应进行搭接焊。焊接长度不小于钢筋直径的5倍。隧道内沿整体道床纵向每隔5m用一根横向钢筋与所有的收集网纵向钢筋焊接。由于埋入式杂散端子为厂制产品，杂散电流专业未提出详细的型式尺寸设计及供货技术条件，批量供货前需由供货厂家提交给杂散电流专业确认。埋入式杂散端子与道床块两端 $\phi16$ 圆钢进行焊接，焊接方法应满足杂散要求。

（4）检验合格后，按《建筑工程施工质量验收统一标准》GB 50300—2013 的要求填表报项目监理部备案。

3）钢弹簧浮置板整体道床在施工完成之后，可能还会发生变形从而影响轨道的施工质量、几何状态的正确等，如隧道净空收敛、变形、路基下沉、轨道几何状态变形、无缝线路伸缩区改变等可能影响整体道床、轨道状态的正确性，因此在一定时间内仍需对道床结构进行监控量测，确认已完工程状态是否已经稳定、正确。因此要督促承包人实施以上监测工作并报相应监测资料，监理工程师经常进行检查，以了解结构物真实情况。

4）安装完隔振器，并达到设计要求后，要把安全板放置于调平的钢板上，并通过螺栓把其和上支承板连接在一起，防止调平钢板移动。利用水平螺栓把弹簧组件和外套筒连接牢固，保证传力可靠。最后盖上外套筒盖板，以保护弹簧隔振器，以避免弹簧隔振器被破坏和杂物的进入。

浮置板顶升完毕轨道状态调整到位后，开始安排进行橡胶密封条的安装。橡胶密封条安装在浮置板左右两侧与隧道主体结构交界处，施工时严格按照设计图纸的要求安装到位，密封完好，并保证在运营过程中不脱落满足施工功能要求。

4.3 监理旁站点

监理旁站点如表 4-2 所示。

监理旁站点　　　　　　　　　　　　　　　　表 4-2

旁站点	旁站内容	旁站要点	记录表
混凝土浇筑过程	从钢筋隐蔽验收通过、第一盘混凝土浇筑开始到混凝土全部浇筑完成的全过程进行旁站	混凝土坍落度是否满足要求	混凝土浇筑旁站记录表
		到达现场的混凝土是否超过初凝时间	
		混凝土浇筑是否严密	
		混凝土试块留置是否满足规范要求	
		混凝土浇筑过程有无异常	
		施工缝留置是否符合要求	

道床混凝土浇筑旁站监理记录见表 4-3。

旁站监理记录表（道床混凝土浇筑） 表4-3

工程名称：

旁站时间	年　月　日	天气情况	□晴□阴□小雨□中雨□大雨　　　℃
工程部位及名称			
混凝土浇筑开始时间	：	混凝土浇筑结束时间	：

施工情况：
1. 混凝土设计配合比：设计标号：＿＿＿＿，配合比单号：＿＿＿＿，设计坍落度：＿＿＿＿；
初凝时间：＿＿＿＿h，终凝时间：＿＿＿＿h，是否经过审批：□是　□否；
2. 现场人员：试验员：＿＿＿＿，施工员：＿＿＿＿，现场混凝土浇筑工＿＿＿＿人；
3. 施工条件：施工缝是否处理到位：□是　□否；钢筋工程是否通过验收：□是　□否；
模板工程是否通过验收：□是　□否；预埋管线是否通过验收：□是　□否；
4. 混凝土试块：计划留置混凝土抗压试块＿＿＿＿组，其中标养＿＿＿＿组，同条件试块＿＿＿＿组；
5. 施工设备：钢筋焊接设备：＿＿＿＿台，小龙门吊：＿＿＿＿台，是否通过验收：□是　□否

监理情况：
1. 混凝土：抽查混凝土配合比是否正确：□是　□否；到场时间是否超过初凝时间：□是　□否；
2. 抽查坍落度：
坍落度：＿＿＿＿mm，时间：＿＿＿＿；坍落度：＿＿＿＿mm，时间：＿＿＿＿；
坍落度：＿＿＿＿mm，时间：＿＿＿＿；坍落度：＿＿＿＿mm，时间：＿＿＿＿；
坍落度：＿＿＿＿mm，时间：＿＿＿＿；坍落度：＿＿＿＿mm，时间：＿＿＿＿；
3. 混凝土试件：
标□；同□；试件标号：＿＿＿＿，取样时间：＿＿＿＿；试件编号：＿＿＿＿；
标□；同□；试件标号：＿＿＿＿，取样时间：＿＿＿＿；试件编号：＿＿＿＿；
标□；同□；试件标号：＿＿＿＿，取样时间：＿＿＿＿；试件编号：＿＿＿＿；
标□；同□；试件标号：＿＿＿＿，取样时间：＿＿＿＿；试件编号：＿＿＿＿；
4. 混凝土浇筑量：＿＿＿＿m^3，总车数：＿＿＿＿车
混凝土浇筑过程：浇筑过程是否连续：□是　□否；混凝土是否存在离析现象：□是　□否；
混凝土供应是否及时：□是　□否；间隔时间最长达＿＿＿＿min；
5. 异常情况描述：＿＿

发现问题：

处理意见：

项目监理机构：
旁站监理人员（签字）：
年　月　日

4.4 现场见证点

现场见证点如表 4-4 所示。

	现场见证点	表 4-4
序号	见证点	
1	中线、高程贯通测量及调整闭合检查	
2	控制/加密基标位置及偏差检测	
3	钢轨、配件合格证及检验	
4	混凝土原材材质及配合比检查	
5	钢筋材质检查、焊接工艺及质量检查	
6	钢筋绑扎隐蔽检查、防迷流要求及连接端子设置检查	
7	混凝土坍落度、试件制作和强度检验	
8	注水观察试验	

4.5 整体道床道岔施工相关检查表

4.5.1 相关检查记录

相关检查记录如表 4-5 所示。

	相关检查记录	表 4-5
序号	相关检查记录表格名称	检查频率
1	隐蔽工程验收记录	按检验批验收

4.5.2 检验批质量验收记录

检验批质量验收记录如表 4-6 所示。

	检验批质量验收记录	表 4-6
序号	检验批质量验收表格名称	验收频率
1	底层钢筋检验批质量验收记录表	按检验批验收
2	底层模板检验批质量验收记录表	按检验批验收
3	底层混凝土工程检验批质量验收记录表	按检验批验收
4	底层混凝土工程外观尺寸检验批质量验收记录表	按检验批验收
5	轨排组装架设检验批质量验收记录表	按检验批验收
6	钢筋检验批质量验收记录表	按检验批验收
7	模板检验批质量验收记录表	按检验批验收
8	混凝土（施工）检验批质量验收记录表	按检验批验收
9	混凝土（结构外观和尺寸偏差）检验批质量验收记录表	按检验批验收
10	隔振器安装检验批质量验收记录表	按检验批验收

第 5 章
可调式框架板整体道床施工监理控制要点

本章执笔：帅小兵　谢海南　王一卓

5.1 可调式框架板整体道床施工监理控制要点

5.1.1 可调式框架板整体道床施工工艺流程

可调式框架板整体道床施工工艺流程如图 5-1 所示。

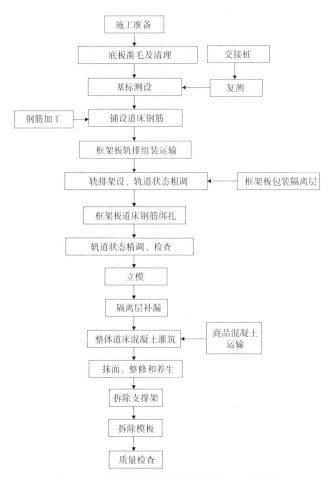

图 5-1 可调式框架板整体道床施工工艺流程

5.1.2 可调式框架板整体道床工序控制点

可调式框架板整体道床工序控制点如表 5-1 所示。

可调式框架板整体道床工序控制点 表 5-1

部位	项目	编号	主要质量控制点	监控措施
可调式框架板整体道床	基标设置	1	中线、高程贯通测量及调整闭合检查	见证检测
		2	控制/加密基标位置及偏差检测	见证检测
		3	基标牢固及标志检查	检查
	可调式框架板轨排组装架设	1	轨排设计审核	审核
		2	框架板订货、加工监控及试制试验	见证检验
		3	框架板及配件出厂合格证,进场材质检查	检查
		4	钢轨、配件、轨枕合格证及检验	见证检验
		5	钢轨调直、头部检查、处理;扣件检查	检查
		6	支撑架设间距及牢固度、架设位置检查	检查
		7	轨枕间距、位置偏差	检查
		8	铁垫板螺杆位置居中检查	检查
		9	钢轨接头位置、轨面平顺、轨缝偏差检查	检查
		10	轨距、水平、高低、方向、高程、轨底坡偏差检查	检查
		11	曲线正矢偏差检查	检查
		12	施工单元轨排搭接长度检查	检查
	整体道床混凝土	1	混凝土原材材质及配合比检查	见证检验
		2	钢筋材质检查、焊接工艺及质量检查	见证检验
		3	隧道仰拱、回填层检查及清理	检查
		4	回填层连接膨胀螺栓及预埋件位置、牢固度检查	检查
		5	钢筋绑扎隐蔽检查、防迷流要求及连接端子设置检查	见证检测
		6	模板、预留孔洞、预埋件检查	检查
		7	防淹门、人防门、开槽及管线设置检查	检查
		8	轨枕界面剂涂刷检查	检查
		9	钢轨、扣件、轨枕防污染措施检查	检查
		10	混凝土搅拌、浇筑、振捣检查	旁站监控
		11	混凝土试件制作和强度检验	见证检验
		12	中线、外形尺寸偏差检查	检查
	排水及伸缩缝	1	伸缩缝材料规格、外观、尺寸验收	检查
		2	道床横向排水坡、纵向排水沟平顺及外观检查	检查
		3	伸缩缝位置、宽度检查	检查
		4	注水观察试验	见证检验

5.2 可调式框架板整体道床施工监理过程控制

由于地裂缝两侧(上盘和下盘)差异沉降大,且随时间不断变化,对线路的几何形位、排水系统、轨道施工、轨道的养护维修产生巨大的影响。为保证地铁的长期良好运营,根据地裂缝的走向与分布,地铁施工可采用可调式框架板结构整体道床,是施工难度大、施工周期较长的工程。

可调式框架板结构采用框架板专用扣件,不含短轨枕,在预应力混凝土框架板上预埋尼龙套管。

预应力混凝土框架板理论长度设为2500mm,实际长度为2460mm,板与板之间的缝宽为40mm,两端各设1道宽350mm的横梁,使其形成框架。框架板总宽度为2100mm,其中左右股钢轨下板宽均为600mm。框架板厚度为160~180mm,其顶部设1/30的横向坡,即轨底坡。

框架板一端两侧各设1个350×200mm的限位榫,用于框架板的纵向定位及防止轨道结构爬行。每块框架板设4对扣件,在框架板预制时直接将扣件尼龙套管预埋在其中。框架板顶部设复合材料盖板,以方便巡道及紧急疏散行走。

框架板混凝土强度等级采用C60,沿纵向采用双层预应力配筋,上、下层预应力钢筋各为8根$\phi 6$螺旋肋预应力钢丝,横梁采用非预应力配筋,此外,还设4个运输、安装及调整用的吊钩。

本节主要针对地铁地下线可调式框架板结构整体道床施工过程的监理工作要点进行叙述。

5.2.1 事前质量控制

1. 人员资质检查

(1)对承包人现场主要管理人员的资质进行审查,符合要求后签字确认并存档。

(2)对现场各级人员安全教育、技术交底情况进行检查。重点检查项目负责人和专职安全员的安全教育培训证,现场操作工人的三级安全教育记录,开工前的技术与安全交底记录,以及班前安全讲话记录等。

(3)对特殊工种人员(如电工、电焊工、起重工等)的资格进行审查。

2. 施工机械设备检查

(1)对用于工程的电焊机、铺轨龙门吊等主要施工机械设备进场后,要求承包人填报进场设备报验单向监理部报验。经过现场检查验收后签署意见。

(2)施工过程中如果更换或撤场需要经过监理部同意。

3. 对进场原材料检查验收

对进场可调式框架板、钢筋及焊条按规范规定进行检查验收,检查可调式框架板出厂合格证,并按规范规定对钢筋原材和钢筋连接件进行抽样复试,质量合格后才能使用。

4. 施工组织设计或专项施工方案审查

重点审查施工组织设计或专项施工方案中关于可调式框架板整体道床施工技术要求、重难点分析和控制要点。

5. 技术准备要点

(1) 核对施工图审查记录,确定已经通过了有关部门的审查。

(2) 项目监理部要对施工图设计文件进行审查提出审核意见,图纸会审后由项目总监或总监代表根据设计文件的主要内容在监理部内部进行交底。

(3) 检查承包商是否进行了技术交底,交底是否全面、具体。

(4) 检查现场技术准备工作,如混凝土配合比选定报告、可调式框架板整体道床纵断面图、进度形象图、各种施工记录表等准备就绪。

6. 施工前准备要点

(1) 施工用的框架板预制件(图5-2)、钢轨、钢筋、扣件、支撑架等材料和机具均从铺轨基地用12.5m工具轨组装成轨排倒运至施工作业面。

(2) 工厂预制的框架板运送至铺轨基地进行堆码存放,堆放层数按设计要求最多不得超过三层,注意避免损坏框架板外贴的隔离层。

图 5-2 框架板预制

(3) 一般情况下同一块框架板铺设不得跨隧道结构变形缝,困难条件下板缝与变形缝可不在一个断面,但框架板下垫板应避开变形缝。框架板施工前应对铺设地段的结构变形缝实际间距进行测量后,再对框架板进行排布。

(4) 框架板应从地裂缝所在位置的结构变形缝实际位置开始铺设,在设防地段末端有不足2.5m的情况时,可用普通整体道床补遗。

(5) 轨道几何尺寸精度、基标测设等应符合《地下铁道工程施工质量验收标准》

GB/T 50299—2018 的要求。

（6）框架板下部整体道床模板、钢筋、混凝土施工均应符合《混凝土结构工程施工质量验收规范》GB 50204—2015 的相关规定。

（7）框架板轨排比普通短轨枕轨排的自重高 150%，故钢轨支撑架的强度、刚度和稳定性应相应进行加强，支撑架的间距及安置位置应便于调整、拆卸和混凝土浇筑。

（8）浇筑下部整体道床混凝土前，应检查弹性垫板的位置是否正确以及外贴塑料泡沫板是否有损坏，若有问题，应进行修正。

（9）道床混凝土可分次浇筑，先浇筑框架板下部的混凝土，再浇筑两侧混凝土。道床混凝土采用插入式振动棒振捣，振动棒移动间距宜为 400mm 左右，振捣时间为 15～30s，应确保捣固密实（尤其是框架板弹性垫板处），保证捣固后的混凝土与框架板密贴，与隧道边墙相吻合。

（10）每块道床混凝土应接续浇筑完成，如遇不能接续浇筑的特殊情况，应在下次浇筑前清理接茬浮浆并凿毛接触表面后方可再次浇筑。

（11）振捣完成后，混凝土初凝前应进行抹面处理，做出道床横向排水坡，并将框架板、钢轨、扣件、支承架等表面粘有灰浆的地方立即清理干净。初凝后，应检查道床混凝土与弹性垫板衔接处是否密贴，如存在缝隙，应立即使用填充料进行填充。

（12）应保证框架板与周围现浇道床之间的隔离空隙在任何情况下不得小于 10mm。

（13）应保证框架板的侧面限位垫板所在位置外侧现浇道床侧壁不能向内侧倾斜，以免影响运营期间框架板的抬升。

（14）主地裂缝地段框架板水平移动方向与地裂缝相对下降方向相同，在工程中，正线框架板水平移动方向均为线路里程增加方向的右侧。联络线框架板水平移动为联络线里程增加方向的左侧。施工时，监理单位需督促施工单位注意核对框架板水平移动方向，确保框架板及其扣件安装位置正确。

（15）对拆除模板后的混凝土台座应及时进行检查，若发现有不影响正常使用的缺陷，可对表面进行整修处理，若发现有影响正常使用的缺陷，应返工重做。

（16）框架板盖板安装时应在盖板底部与框架板贴合部位设置缓冲垫，安装完毕后应将盖板与框架板之间及盖板与盖板之间四周采用硅胶或玻璃胶粘贴牢固，以避免盖板在列车通过时产生振动甚至挪位，影响行车安全。

（17）框架板的平面曲线安装定位。平面曲线地段可通过扣件调整钢轨的偏移量以保证线路的平顺性。框架板定位按其中间两组扣件向外调整，两端扣件向内调整来定位。

（18）框架板的供应应符合相应的制造及验收技术要求，考虑到框架板的外形尺寸及自重较大，运送至规定地点检验较困难，结合前期试制及试验情况，仅要求以下情况下进行型式检验，其余情况只需进行出厂检验：

①框架板批量投产前。

②在正式生产过程中，如材料、工艺发生重大变更。

③中断生产两年半以上又重新恢复生产。

5.2.2 事中质量控制

1. 基底处理

在进行基底处理之前，以轨面标高为基准线，先对轨道结构高度进行检测，确认整体道床底至钢轨顶面符合设计要求。基底按照设计要求进行凿毛、清理。

2. 测设基标

框架板的基标设置在距线路中心位置1.6m处，直线段6m设置一个，曲线段5m设置一个。基标必须用水泥围护，中心用水泥钉或其他坚固物体固定牢固。

在施工前根据现场测量数据对可调式框架板进行电子排版，保证框架板铺设不跨越隧道结构变形缝，框架板应从地裂缝所在位置的结构变形缝实际位置开始铺设，设防段有不足2.5m的情况时，可用普通整体道床补漏。

3. 铺设基础钢筋

（1）道床钢筋在铺轨基地加工，集中存放，并将同一类钢筋编号、做上明显标记。钢筋运输时，确保编号不混乱。

（2）铺设道床钢筋时，严格按照设计图纸进行，按自下而上的顺序，先底层，再中间层、面层，然后板块两端部，最后绑扎特殊部位加固钢筋。

4. 框架板轨排运输、吊装、架设、调整

（1）组装轨排时，将相邻框架板的限位榫两两顺接，将弹性垫板装入预定位置，再用胶水固定入框架板预留位置，用20mm厚泡沫塑料填充弹性垫板周围缝隙，便于周围道床混凝土浇筑。

（2）将框架板轨排通过龙门吊吊装和轨道车运输至施工作业面（图5-3）。在进行框架板轨排吊装时，应严格遵守吊装规则，将框架板轨排吊装至对应位置上方。按照设计图纸，利用铺轨龙门吊将框架板轨排安装到位。

（3）架设前做好各项施工准备如机械、材料及人员。按照图纸设计要求，测量线路中心线，确定框架板的起止位置，中间盖板暂时不组装。

（4）框架板轨排采用下承式支撑架架设，每块框架板的自重及扣件、钢轨的重量大概是2.6t，在每块框架板上安装2套支撑架即可。直线段支撑架应垂直线路方向，曲线段支撑架应垂直线路的切线方向。架轨前，支撑架丝杠下部插入$\phi30$钢管内，钢管固定在道床里，其长度与道床板厚度一致，在道床浇筑后便于取出支撑架。

（5）按照基标，对框架板轨排进行水平粗调和线路中心定位（图5-4）。

图 5-3　运输框架板轨排至施工作业面　　　图 5-4　水平粗调和线路中心定位

5. 精确调整道床钢筋

（1）根据设计轨面标高推算道床面标高，按设计预留混凝土保护层，精确绑扎顶面钢筋（图 5-5）。

（2）道床侧面钢筋按照设计标准留足保护层厚度精确绑扎钢筋。

图 5-5　精确调整道床钢筋　　　图 5-6　对轨道几何状态进行精调

6. 对轨道几何状态进行精调

具体做法是：先调水平，后调方向；先调基标部位，后调基标之间；先粗后精，反复调整。经过精调后，其精度必须符合无砟轨道铺设完成后精度要求。允许偏差应符合验收标准，并经现场监理工程师检查确认符合要求后，方可进行混凝土浇筑作业（图 5-6）。

7. 框架板道床混凝土浇筑前的保护

在浇筑混凝土之前，用塑料布将框架板以及所有安装完毕的钢轨及配件进行浇筑前保护，以免混凝土污染成品。支撑架支撑丝杠在混凝土浇筑前需用 $\phi 40$ 的 UPVC 管自丝杠底部进行包裹，以便在混凝土浇筑后取出支撑架（图 5-7）。

图 5-7 框架板道床混凝土浇筑前的保护

8. 立模、检查

在混凝土浇筑前应按设计要求将基础表面用高压水或高压风清理干净。

模板加固方法同水沟模板的加固，模板支立应牢固，允许偏差为：位置 ±5mm，垂直度 2mm；模板支立完成后，将道床混凝土表面线弹在模板上，侧面模板要支立牢固，严禁发生跑模、胀模现象。

9. 道床混凝土浇筑

（1）浇筑混凝土前，应检查框架板上粘贴的隔离层，对损坏部分应进行修补。承包商自检合格后报请监理组织隐检（底板处理、钢筋绑扎），认定符合要求后方可浇筑混凝土。

（2）所有道床混凝土均采用商品混凝土，运输至施工现场直接送入料斗，再用轨道平板车送至施工作业面。

（3）对每车混凝土进行坍落度试验，保证符合设计要求。

（4）混凝土浇筑时采用插入式振捣棒振捣，振动棒移动间距宜为 400mm 左右，振捣时间为 15～30s，20～30min 后进行第二次复振。严禁振捣器触及支撑架及模板。并应随时检查钢轨的方向、轨距、水平，若发现超标，立即调整，整改合格后方可继续浇筑（图 5-8）。

（5）振捣完成后混凝土表面要进行抹面处理，为防止产生收缩裂缝，须用木抹子磨平、搓毛 2 遍以上，抹面允许偏差为平整度 3mm/m。

（6）在混凝土施工过程中，施工中断不宜超过 2h。混凝土浇筑完毕 12h 内，采用喷洒养护的方法进行养护。

（7）混凝土浇筑必须满足《混凝土结构工程施工质量验收规范》GB 50204—2015的相关要求，并经监理工程师认可。

图 5-8　道床混凝土浇筑

10. 抹面、整修和养生

道床混凝土初凝前应及时进行面层的抹面，并将框架板、钢轨、扣件、支承架等表面粘有灰浆的地方立即清理干净。初凝后，观察道床与框架板是否密贴，如存在缝隙，应立即使用环氧树脂进行填充。初凝后终凝前进行第二次抹面，减少混凝土收缩量，避免混凝土表面皲裂、起皮，并及时进行覆盖。

混凝土浇筑 12h 后，采用喷洒养护的方法进行养护，要保持混凝土处于湿润状态，养护应保证有 7d。达到设计强度的 70% 后，轨道上方可载重、行车。

11. 支撑架拆除

在道床混凝土施工完毕 5MPa 后对支撑架进行拆除、清洗和涂油工作。拆除支撑架后，应将残留在基础内的杂物进行清理后用水润湿，再利用同等标号混凝土进行填补浇筑。

12. 拆除模板

在混凝土凝结达到 24h 后方可拆除模板；模板拆除时应注意保护成品混凝土的完整性。拆除完毕后的模板应进行清洗并分类摆放、回收。

13. 质量检查

对拆除模板后的道床进行质量检查，发现外观有问题的可用环氧树脂对表面进行抹面整修处理。

14. 安装框架板之间盖板

15. 施工过程中监控一般工作方法

（1）框架板道床的施工技术措施

①钢筋绑扎前底板应凿毛，凿坑深 5 ~ 10mm，坑距 30 ~ 50mm。混凝土浇筑前

要将底板用高压水或高压风清理干净。

②道床模板采用钢模板,模板与钢筋网间要设混凝土垫块,保证所有钢筋的保护层大于30mm。

③道床混凝土浇筑过程中,同一配合比混凝土每浇筑100m³(不足者也按100m³计)取2组试件,1组在标准条件下养护,另1组与道床同条件下养护。

④混凝土浇筑过程中,必须将混凝土振捣密实,特别是接触框架板处,应严格控制混凝土与框架板的密贴度。混凝土强度应符合设计规定,并应无蜂窝、麻面和漏振,表面清洁、平整,变形缝直顺。

(2)框架板应符合相关规定

①框架板出厂时应按设计图纸检查各部尺寸,对混凝土部分进行表面平整度的检查。若发现不符合公差要求的框架板,应进行整修,合格后才能运往铺设现场。

②场地存放框架板时应考虑到其受力结构,找准支撑点进行框架板的堆放,堆放时层与层之间用方木隔开,堆放层数按设计要求最多不得超过三层。

③用平板吊车装卸框架板时,应按设计规定吊点进行吊装,严禁单吊点起吊,先行试吊,确认无误后方可正式起吊。

④扣件组装前将短轨枕表面和尼龙套管内的杂物清理干净(图5-9);扣件应结合地裂缝的移动方向铺设,"Δ"标示所指方向为扣件相对于地裂缝的移动方向(即与地裂缝的移动方向相反);螺旋道钉在靠近长圆孔"Δ"标示所指方向的端头一侧12mm处上紧。长圆孔允许的最大轨道横向调整量为42mm,铁垫板调边后允许的最大轨道横向调整量为90mm。

⑤框架板偏移量要求:若地裂缝向相反方向移动时,框架板中心线应置于线路中心线的另一侧,初始铺设偏移量为40mm(图5-10)。

图5-9 扣件组装

图5-10 框架板偏移量

5.2.3 事后质量控制

可调式框架板整体道床经施工单位自检确认符合设计要求和有关规范、规程以及资料齐全后，方可进行施工验收。现场监理应督促施工单位并协助业主进行施工验收。

1）隐蔽工程验收包括钢筋绑扎、杂散电流预埋端子焊接和模板支立等。

2）施工质量验收包括如下内容：

（1）排水沟直顺；沟底坡与线路坡度一致并平顺、流水畅通，允许偏差为：位置±10mm，垂直度3mm。不同地段排水沟衔接时，在较低一端的沟底采用道床混凝土一次浇筑形成顺坡层，顺坡层的长度根据不同地段的线路坡度而定，使最终排水坡度不小于2‰。

对于道床伸缩缝的修补，则可采用膨胀性材料进行填充，也可采用弹性防水材料聚合物水泥防水砂浆进行修补，确保道床表面水不渗入道床以下。

对于地裂缝处产生的差异沉降，线路专业在坡度设计中已充分考虑了排水坡顺接的需要，因此当差异沉降产生并对轨顶标高进行调整以后，采用水泥砂浆对道床排水沟进行顺坡，确保排水通畅。

（2）各种预埋管线和预留沟槽均应注意与结构预留口的接口处理。

（3）混凝土强度应符合设计规定，并应无蜂窝、麻面和漏振。表面清洁，平整度允许偏差为3mm/m，变形缝直顺，在全长范围内允许偏差为10mm。

（4）外露短轨枕的棱角应完整无缺，预埋件位置正确。

（5）轨道的钢轨，其扣件、接头夹板螺栓应拧紧并涂油。

（6）轨道钢轨精度应符合下列规定：

①轨道中心线：距基标中心线允许偏差为 ±3mm。

②轨道方向：直线段用10m弦量，允许偏差为2mm；曲线段20m弦量正矢，允许偏差应符合表5-2所示相关规定。

轨道曲线正矢（20m弦量）允许偏差值　　　　　表5-2

曲线半径（m）	缓和曲线正矢与计算正矢差（mm）	圆曲线正矢连续差（mm）	圆曲线正矢最大最小值差（mm）
$R \leq 250$	6	12	18
$250 < R \leq 350$	5	10	15

续表

曲线半径（m）	缓和曲线正矢与计算正矢差（mm）	圆曲线正矢连续差（mm）	圆曲线正矢最大最小值差（mm）
$350 < R \leq 450$	4	8	12
$450 < R \leq 650$	3	6	9
$R > 650$	3	6	9

③轨顶水平及高程：高程允许偏差为 ±2mm；左右股钢轨顶面水平允许偏差为 2mm；在延长 18m 的距离范围内应无大于 2mm 三角坑。

④轨顶高低差：用 10m 弦量不应大于 2mm。

⑤轨距：允许偏差为 –2 ~ +3mm，变化率不大于 1‰。

⑥轨底坡：1/30 ~ 1/50。

⑦轨缝：允许偏差为 0 ~ 1mm。

⑧钢轨接头：轨面、轨头内侧应平（直）顺，允许偏差为 1mm。

5.3 监理旁站点

监理旁站点如表 5-3 所示。

监理旁站点　　　　　　表 5-3

旁站点	旁站内容	旁站要点	记录表
混凝土浇筑过程	从钢筋隐蔽验收通过、第一盘混凝土浇筑开始到混凝土全部浇筑完成的全过程进行旁站	混凝土坍落度是否满足要求	混凝土浇筑旁站记录表
		到达现场的混凝土是否超过初凝时间	
		混凝土浇筑是否严密	
		混凝土试块留置是否满足规范要求	
		混凝土浇筑过程有无异常	
		施工缝留置是否符合要求	

旁站监理记录如表 5-4 所示。

旁站监理记录表（道床混凝土浇筑） 表 5-4

工程名称：

旁站时间	年 月 日	天气情况	□晴□阴□小雨□中雨□大雨 ＿＿＿℃
工程部位及名称			
混凝土浇筑开始时间	＿＿＿：＿＿＿	混凝土浇筑结束时间	＿＿＿：＿＿＿

施工情况：
1. 混凝土设计配合比：设计标号：＿＿＿＿，配合比单号：＿＿＿＿，设计坍落度：＿＿＿＿；
初凝时间：＿＿＿＿h，终凝时间：＿＿＿＿h，是否经过审批：□是 □否；
2. 现场人员：试验员：＿＿＿＿，施工员：＿＿＿＿，现场混凝土浇筑工＿＿＿＿人；
3. 施工条件：施工缝是否处理到位：□是 □否；钢筋工程是否通过验收：□是 □否；
模板工程是否通过验收：□是 □否；预埋管线是否通过验收：□是 □否；
4. 混凝土试块：计划留置混凝土抗压试块＿＿＿＿组，其中标养＿＿＿＿组，同条件试块＿＿＿＿组；
5. 施工设备：钢筋焊接设备：＿＿＿＿台，小龙门吊：＿＿＿＿台，是否通过验收：□是 □否

监理情况：
1. 混凝土：抽查混凝土配合比是否正确：□是 □否；到场时间是否超过初凝时间：□是 □否；
2. 抽查坍落度：
坍落度：＿＿＿＿mm，时间：＿＿＿＿；坍落度：＿＿＿＿mm，时间：＿＿＿＿；
坍落度：＿＿＿＿mm，时间：＿＿＿＿；坍落度：＿＿＿＿mm，时间：＿＿＿＿；
坍落度：＿＿＿＿mm，时间：＿＿＿＿；坍落度：＿＿＿＿mm，时间：＿＿＿＿；
3. 混凝土试件：
标□；同□；试件标号：＿＿＿＿，取样时间：＿＿＿＿；试件编号：＿＿＿＿；
标□；同□；试件标号：＿＿＿＿，取样时间：＿＿＿＿；试件编号：＿＿＿＿；
标□；同□；试件标号：＿＿＿＿，取样时间：＿＿＿＿；试件编号：＿＿＿＿；
标□；同□；试件标号：＿＿＿＿，取样时间：＿＿＿＿；试件编号：＿＿＿＿；
4. 混凝土浇筑量：＿＿＿＿m³，总车数：＿＿＿＿车
混凝土浇筑过程：浇筑过程是否连续：□是 □否；混凝土是否存在离析现象：□是 □否；
混凝土供应是否及时：□是 □否；间隔时间最长达＿＿＿＿min；
5. 异常情况描述：＿＿＿＿＿＿＿＿＿＿＿＿＿＿＿＿＿＿＿＿＿＿＿＿＿＿＿＿＿＿＿＿
＿＿
＿＿

发现问题：

处理意见：

项目监理机构：
旁站监理人员（签字）：
年 月 日

5.4 现场见证点

现场见证点如表 5-5 所示。

现场见证点　　　　表 5-5

序号	见证点
1	中线、高程贯通测量及调整闭合检查
2	控制/加密基标位置及偏差检测
3	钢轨、配件、可调式框架板合格证及检验
4	混凝土原材材质及配合比检查
5	框架板型式试验检查、钢筋材质检查、焊接工艺及质量检查
6	钢筋绑扎隐蔽检查、防迷流要求及连接端子设置检查
7	混凝土坍落度、试件制作和强度检验
8	注水观察试验

5.5 可调式框架板整体道床施工相关检查表

5.5.1 相关检查记录

相关检查记录如表 5-6 所示。

相关检查记录　　　　表 5-6

序号	相关检查记录表格名称	检查频率
1	隐蔽工程验收记录	按检验批验收

5.5.2 检验批质量验收记录

检验批质量验收相关记录如表 5-7 所示。

检验批质量验收记录　　　　表 5-7

序号	检验批质量验收表格名称	验收频率
1	轨排组装架设检验批质量验收记录表	按检验批验收
2	钢筋检验批质量验收记录表	按检验批验收
3	混凝土（施工）检验批质量验收记录表	按检验批验收
4	模板检验批质量验收记录表	按检验批验收
5	混凝土（结构外观和尺寸偏差）检验批质量验收记录表	按检验批验收

第 6 章
减振垫浮置板整体道床施工监理控制要点

本章执笔：帅小兵　谢海南　江　山

6.1 减振垫浮置板整体道床施工监理控制要点

6.1.1 减振垫浮置板整体道床施工工艺流程

减振垫浮置板整体道床施工工艺流程如图 6-1 所示。

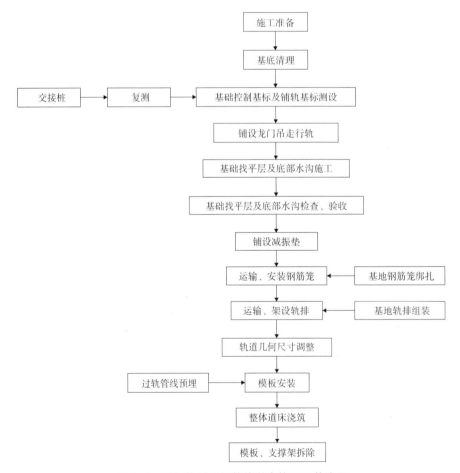

图 6-1 减振垫浮置板整体道床施工工艺流程

6.1.2 减振垫浮置板整体道床工序控制点

减振垫浮置板整体道床工序控制点如表 6-1 所示。

减振垫浮置板整体道床工序控制点　　　　表 6-1

部位	项目	编号	主要质量控制点	监控措施
减振垫浮置板整体道床	基标设置	1	中线、高程贯通测量及调整闭合检查	见证检测
		2	控制/加密基标位置及偏差检测	见证检测
		3	基标牢固及标志检查	检查
	减振垫浮置板轨排组装架设	1	轨排设计审核	审核
		2	减振垫订货	检查
		3	减振垫出厂合格证，进场材质检查	检查
		4	钢轨、配件、轨枕合格证及检验	见证检验
		5	钢轨调直、头部检查、处理；扣件检查	检查
		6	支撑架架设间距及牢固度，架设位置检查	检查
		7	轨枕间距、位置偏差	检查
		8	铁垫板螺杆位置居中检查	检查
		9	钢轨接头位置、轨面平顺、轨缝偏差检查	检查
		10	轨距、水平、高低、方向、高程、轨底坡偏差检查	检查
		11	曲线正矢偏差检查	检查
		12	施工单元轨排搭接长度检查	检查
	整体道床混凝土	1	混凝土原材材质及配合比检查	见证检验
		2	钢筋材质检查、焊接工艺及质量检查	见证检验
		3	隧道仰拱、回填层检查及清理	检查
		4	回填层连接膨胀螺栓及预埋件位置、牢固度检查	检查
		5	钢筋绑扎隐蔽检查、防迷流要求及连接端子设置检查	见证检测
		6	模板、预留孔洞、预埋件检查	检查
		7	防淹门、人防门、开槽及管线设置检查	检查
		8	轨枕界面剂涂刷检查	检查
		9	钢轨、扣件、轨枕防污染措施检查	检查
		10	混凝土搅拌、浇筑、振捣检查	旁站监控
		11	混凝土试件制作和强度检验	见证检验
		12	中线、外形尺寸偏差检查	检查
	排水及伸缩缝	1	伸缩缝材料规格、外观、尺寸验收	检查
		2	道床横向排水坡、纵向排水沟平顺及外观检查	检查
		3	伸缩缝位置、宽度检查	检查
		4	注水观察试验	见证检验

6.2 减振垫浮置板整体道床道岔施工监理过程控制

隔离式减振垫浮置板整体道床为道床下减振，属于质量弹簧系统，通过减振垫与上方钢筋混凝土道床板形成的质量弹簧系统实现减振，安全性及减振性高，道岔区设置方便，不影响过轨管线；道床一次浇筑成型，不需后期处理，道床整体性良好，施工方便快速，工艺简单、易掌握；施工工艺灵活、适用性强，减振垫可根据不同断面形式进行随意裁剪，可用于矩形、圆形、马蹄形隧道、道岔区和碎石段。

本节主要叙述针对地铁地下线减振垫浮置板整体道床施工过程的监理工作要点。

6.2.1 事前质量控制

1. 人员资质检查

（1）对承包人现场主要管理人员的资质进行审查，符合要求后签字确认并存档。

（2）对现场各级人员安全教育、技术交底情况进行检查。重点检查项目负责人和专职安全员的安全教育培训证，现场操作工人的三级安全教育记录，开工前的技术与安全交底记录，以及班前安全讲话记录等。

（3）对特殊工种人员（如电工、电焊工、起重工等）的资格进行审查。

2. 施工机械设备检查

（1）对用于工程的电焊机等主要施工机械设备进场后，要求承包人填报进场设备报验单向监理部报验。经过现场检查验收后签署意见。

（2）施工过程中如果更换或撤场需要经过监理部同意。

3. 对进场原材料检查验收

对进场减振垫、钢筋及焊条按规范规定进行检查验收，减振垫应检查出厂合格证，并按规范规定对钢筋原材和钢筋连接件进行抽样复试，质量合格后才能使用（图6-2）。

图 6-2　对进场减振垫、钢筋及焊条进行检查验收

4. 施工组织设计或专项施工方案审查

重点审查施工组织设计或专项施工方案中关于减振垫浮置板整体道床施工技术要求、重点难点分析和控制要点。

5. 技术准备要点

（1）核对施工图审查记录，确定已经通过了有关部门的审查。

（2）项目监理部要对施工图设计文件进行审查提出审核意见，图纸会审后由项目总监或总监代表对设计文件的主要内容在监理部内部进行交底。

（3）检查承包商是否进行了技术交底，交底是否全面、具体。

（4）检查现场技术准备工作，如混凝土配合比选定报告、桩位平面图、进度形象图、各种施工记录表等准备就绪。

6.2.2 事中质量控制

1. 减振垫道床施工流程

1）施工准备

清扫场地，对减振垫施工区段的结构底板进行高程和渗漏水等检查，并及时处理发现的各种问题，同时做好签认和记录备查。将施工用的风镐、空压机等机具搬运至现场。将安装龙门吊走行线的钢轨、支架等工具倒运至现场。

2）基底清理

基础找平层施工前将表面凿毛，凿毛深度 5～10mm，凿毛痕间距 30mm 左右。凿毛后，清理石屑并用高压风吹扫干净。

3）基础控制基标及铺轨基标测设

减振垫道床基标设置在线路外侧水沟处，直线段 6m 设置一个，曲线段 5m 设置一个。基标顶至轨顶高差为 300mm。基标必须用水泥砂浆围护，中心用钢钉固定牢固。

4）铺设龙门吊走行轨

铺轨龙门吊走行轨采用 P24 钢轨，根据不同断面及结构底面，采用特制可调式钢支墩支承，钢支墩抽盒底板根据隧道底板的形状制作成几种不同的结构，满足各种情况施工的需要。在布设铺轨龙门吊走行轨时，先利用膨胀螺钉将钢支墩底板固定在隧道底板上，再调整钢支墩的高度至确定位置；钢支墩顶部为钢板加工的承轨台，并用螺栓和扣板将钢轨固定，中部为 $\phi 80$ 钢立柱，下部为钢板底座（图 6-3）。

5）基础找平层及底部水沟施工

（1）基础找平层钢筋绑扎

基础找平层钢筋网采用在铺轨基地集中下料、加工，现场绑扎焊接成型的作业方式，纵向钢筋按两相邻伸缩缝长度配料（图 6-4）。人工倒运至施工地点，按照要求进行散布。人工绑扎固定，调整网格间距。纵向和横向钢筋间距按要求焊接，每个结构段内的纵向钢筋的搭接处必须焊接,焊接长度不小于钢筋直径的 5 倍,在搭接处采用双面搭接焊,焊缝高度不小于 6mm。上、下层钢筋都必须满足混凝土最小保护层厚的要求。

图 6-3　铺设龙门吊走行轨

图 6-4　基础找平层钢筋绑扎

(2)基础水沟模板支立

在混凝土浇筑前必须按设计要求将基础表面用高压风清理干净。水沟模板支立必须牢固,允许偏差为:位置 ±5mm,垂直度 2mm;模板支立完成后,将道床混凝土表面线弹在模板上,模板要支立牢固,严禁发生跑模、胀模现象。

(3)基础找平层混凝土浇筑、养护

①浇筑混凝土前,对模板的位置、垂直度,及模板的牢固程度进行检查。承包商自检合格后报请监理组织隐蔽工程检查(底板处理、钢筋绑扎),认定符合要求后方可浇筑混凝土。

②所有道床混凝土采用 C30 商品混凝土,运输至施工现场直接送入料斗,再用轨道平板车送至施工作业面。

③对每车混凝土进行坍落度试验,保证符合设计要求。

④在混凝土浇筑过程中要掌握好混凝土的振捣时机,不可早振、漏振和过振,插入式振动棒的操作要点是:直上直下,快插慢拔,插点要均匀,切勿露点插。每次移动两个插点的间距不宜大于振动棒作用半径的 1.5 倍,振动棒与模板的距离,不应大于其作用半径的 0.5 倍,一般每点振捣时间为 20 ~ 30s。以混凝土不下沉,气泡不上升,表面泛浆为准。

⑤振捣完成后混凝土表面要进行抹面处理,为防止产生收缩裂缝,须用木抹子磨平、搓毛两遍以上,抹面平整度允许偏差为 3mm/m。

⑥在混凝土施工过程中,施工中断不宜超过 2h。混凝土浇筑完毕 12h 后,进行洒水养护。要保持混凝土处于湿润状态,养护必须保证有 7d。混凝土强度达到 5MPa 后方可拆除水沟模板。

基底找平层施工完后,必须在水沟上方铺设200mm筛网,筛网下方设短钢筋支撑,筛网规格及短钢筋间距必须满足施工人员踩在上方减振垫上时,减振垫不出现不可恢复的塌陷。

6)垫层和水沟检查、验收

为了保证隔离式减振垫的使用效果,混凝土垫层严格按照整体道床抹面的相关标准进行施工与验收,表面平整,不能有异常突出块或陷坑,边角部分的斜角处理要平缓,整个施工过程中必须由产品生产厂方派出工程师实行全程配合,确保工程进度一次性完成(图6-5)。

基础施工完毕后,会同监理对基础进行表面平整度(3mm/m)、标高和宽度检查、验收,满足设计和规范要求后,进行减振垫铺设。

7)铺设道床减振垫

铺设减振垫之前,将地面清扫干净,确保混凝土基础上没有尖角或不平整,平整度要求3mm/m(图6-6和图6-7)。

减振垫采用横铺方式,分以下几步进行施工:

图6-5 垫层和水沟检查、验收

图6-6 铺设道床减振垫

图6-7 铺设道床减振垫效果图

①切割合理长度的减振垫条,整齐合理的铺设在路基基础上。检查减振垫条之间缝隙是否合理(缝隙的宽度不大于10mm)。在减振垫的连接处有计划地铺设减振垫,减振垫间的距离不大于10mm。

②用重叠条连接减振垫条的缝隙(图6-8和图6-9)。

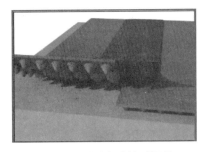
图6-8 重叠条连接减振垫

图6-9 减振垫的搭接

在遇到截面改变或过渡、检查孔、凹槽等特殊结构铺设情况时,减振垫被切割成相应必须的形状。用毛刷将减振垫边缘和搭接条部分清理干净,然后用三排铆钉固定减振垫(图6-10和图6-11)。

图6-10 铆钉固定

图6-11 固定效果图

③整体道床减振垫铺设完成后,两边用Z形封边条固定。防尘处理如图6-12所示。

铺设后的减振垫上只能运行5t以下的橡胶轮的运输车,运输车运行过程中严禁急刹、急转等过猛动作。如有减振垫需要经过铺设完毕的路段时,只能手工作业,严禁任何机动车辆通过。

减振垫铺设完成后,进行整体道床施工,为防止人工运送钢轨、轨枕等轨料过程中,造成减振垫损坏,减振垫整体道床施工采用"轨排架设法"。具体方法是:在铺轨基地

图 6-12 Z 形封边条固定

拼装标准无孔钢轨,利用轨距拉杆连接,组装成轨排;采用基地龙门吊将轨排吊装至轨道平板车上,由轨道车推送平板车至现场后,采用铺轨龙门吊吊装轨排,用轨排支撑架架立调整轨排,使其符合轨道要求;将商品混凝土放料至平板车上的混凝土料斗内,由轨道车推送平板车至作业面,利用铺轨龙门吊进行整体道床混凝土浇筑。

8)运输、架设轨排

(1)短枕轨排组装

在铺轨基地利用轨排组装架、弹条扳手、基地龙门吊配合作业进行轨排组装,严格控制轨距及轨枕间距,满足设计及规范要求(图 6-13)。

(2)短枕轨排运输及铺设

轨排利用轨排支撑架架设,轨排支撑架设置间距为直线 3m、曲线 2.5m 一个,按照设计要求的间距、类型进行组装。轨排表随时根据轨排铺设的实际情况进行修正。

短枕轨排在基地组装完毕后,利用基地龙门吊将轨排吊装至轨道平板列车上,内燃轨道车将装有轨排的平板列车顶送至道床混凝土强度达到 70% 以上的地段,再用 2 台铺轨龙门吊将轨排吊运至安装位置,落至设计标高,在支架两端安装螺旋立柱,并支撑在基础找平层上,将轨排支立在结构底板上,然后将铺轨龙门吊吊钩松开。

图 6-13 短枕轨排组装

图 6-14 轨道几何尺寸调整

(3)轨道几何尺寸调整

轨排经铺轨龙门吊初步正位后,以铺轨基标为依据,借助于特制的直角道尺和万能道尺,通过调轨支撑架的调整使轨道精确就位。

调整就位的轨排要用直角道尺、万能道尺和10m长弦线对线路中线、钢轨高程、轨距、曲线正矢和超高等进行量测,误差在±2mm内,同时目测线路,保证平直圆顺,经现场施工监理签字确认后,方能进行下一工序的工作。

轨道调整中,支立支撑架时候要在支撑杆下面垫上一块200mm×200mm×10mm的小块钢板,防止出现局部受力现象(图6-14)。

9)道床板钢筋绑扎、安装及焊接

道床设上中下三层钢筋,纵向钢筋均采用ϕ14HRB335螺纹钢筋;箍筋均为ϕ8HPB300光圆钢筋,在上下层和中下层钢筋间设ϕ8HPB300架立筋,钢筋保护层厚度必须不小于30mm。根据杂散电流专业要求,在每条线路垂直轨道下方,分别选2根纵向钢筋(排流条)和所有的横向钢筋焊接;道床块内每隔5m(或小于5m)选1根横向钢筋与所交叉的所有纵向钢筋焊接;埋入式杂散端子与道床块两端用ϕ16圆钢进行焊接,焊接方法必须满足杂散要求。若纵向钢筋有搭接,必须进行搭接焊,每条焊缝长度必须不小于钢筋直径的6倍,焊缝的高度不小于6mm,所有焊缝均为双面焊,严禁虚焊。道床板钢筋绑扎、安装及焊接如图6-15所示。

图6-15 道床板钢筋绑扎、安装及焊接

10)模板支立和道床混凝土浇筑

模板的安装必须符合设计及规范要求。尤其注意减振垫道床中检查孔的预留,检查孔必须放置在隔离式减振垫上方,不得穿透减振垫,以免影响浮置板减振功能的实现。为防止浇筑混凝土时漏浆,检查孔内减振垫在混凝土浇筑完成后再切割开孔。浇筑道床混凝土前,现场监理工程师再次对轨道状态进行检测,确认符合设计和施工验收标准后,监理工程师签认,方可开始浇筑道床混凝土。

混凝土浇筑过程中,避免机具碰撞轨排,施工中随时检查轨道状态,发现问题及时处理。

整体道床采用C30混凝土,道床混凝土由搅拌站采用混凝土搅拌车运输至最近下料口,可直接泵送至施工地点的直接泵送。距离较长无法直接泵送到作业面时,利用泵送或漏斗输送到平板车上的料斗内,再由轨道车推运至作业面附近,利用铺轨门吊吊运至作业面浇筑。混凝土浇筑时用雨花布覆盖钢轨和轨枕,并用塑料袋覆盖扣件,以免对轨枕及扣件造成污染。

混凝土浇筑完毕之后必须及时抹面收光,减振垫道床铺设范围内道床均设两侧排水沟。道床顶面两轨枕中间部分为平台,道床面朝向两侧水沟方向设2%的横向排水坡,纵向排水沟坡度与线路坡度一致。

11)模板、支撑架拆除

待混凝土强度达到5MPa后方可拆除模板及支撑架,模板在拆除时必须注意对棱角及侧壁面的保护,防止损伤之后影响外观。

12)工艺孔填塞、道床修补与养护

拆除支撑架后留下的工艺孔用相同等级混凝土填塞。对道床外观进行检查,并及时修补与养护。养护在混凝土浇筑完成之后的12~18h开始,养护时间不得少于7d。

2. 现场监理对混凝土浇筑过程进行旁站监理工作要点

(1)浇筑混凝土时应随时抽查,测定坍落度,并做混凝土试块保证混凝土质量。

(2)现场监理对试件制作和抗压强度试验进行见证取样,如果现场监理人员对现场拌制的混凝土或商品混凝土有疑问时,要进行必要抽检。抽检按监理规划抽检安排表的数量进行掌握,所有抽检、见证取样资料要妥善保管,逐项登记汇总。

(3)对承包人送现场监理签证的试验报告单和现场监理抽检报告单,应注明桩号和审核时间,报告中合格或不合格的结论均应填入工序质量检查表的中,使混凝土的质量控制具有可追溯性。

3. 混凝土试件的制作

(1)按施工规范要求同一配合比每班制作混凝土试块不得少于一组。施工过程中每调整一次配合比或换一个商品混凝土厂家供料,都要求承包人多做一组试件,做7d抗压强度试验。试件必须在施工现场制作,并进行标准养护。

(2)对试验报告中不合格的混凝土,要求承包人对不合格品进行报告,查找原因。承包人应对该段混凝土进行抽芯取样,实际检测混凝土强度,在充分占有原始资料、问题清楚的情况下,由监理协助业主进行质量事故处理。

4. 施工过程中监控一般工作方法

减振垫浮置板整体道床的施工有很多道工序,有很多要点必须执行,但监理工程师不可能对每道工序,每个要点都进行验收签证,应该是在施工单位自检合格的基础上由监理人员对一般工序进行抽检,对隐蔽工序关键环节进行验收签证。

(1)混凝土基础找平层施工前,对结构进行检查、验收,对于渗水地段必须先进行处理，再进行基础找平层施工。混凝土基础找平层施工，必须严格控制其高程及平整度。

（2）采用调轨支架架设轨排时（图6-16），在丝杠支立部位的减振垫上，可进行人工打孔，使丝杠直接作用在基础找平层上。道床施工前，对丝杠和减振垫进行密封处理，防止混凝土进入减振垫下部。

（3）道床钢筋焊接、模板支立时，必须采取防护措施，防止火花对减振垫造成损害。

（4）基底中心沟盖板采用筛网加钢筋绑扎，筛网宽200mm，下设长350mm左右φ10圆钢，钢筋间距150mm，每根钢筋与钢盖板之间采用2道钢丝穿孔绑扎成"蜈蚣"状）（图6-17）。

图6-16 调轨支架架设轨排

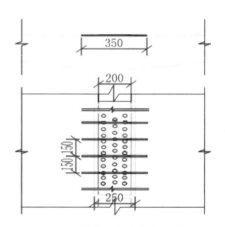

图6-17 基底中心沟盖板钢筋图

（5）减振垫外围的补充密封措施

减振垫铺设就位后，在安装密封条之前，将减振垫外围四周采用专用尼龙布加以包裹，专用尼龙布单面包裹宽度不小于100mm，以保证长时间运营条件下，即使密封条局部破坏，专用尼龙布也可阻隔泥沙进入减振垫下部。

在浮置板两侧"切削"处立模板时，将"Z"字形密封条的下侧边缘浇筑在浮置板下部，以免隧道侧壁渗水流入浮置板与减振垫之间，无法排出。

（6）检查孔相关细节的处理

检查孔必须放置在隔离式减振垫上方，不得穿透减振垫，以免影响道床减振功能的实现。

为防止列车经过时减振垫下部的空气形成空气弹簧效应，影响减振效果，检查孔盖板必须采用类似雨水篦子的镂空构造；为避免盖板掀起影响行车安全，盖板必须采取可靠的固定方式；为避免影响人员行走，安装后的盖板不得高于道床顶面，施工时在检查孔上沿预安装一块比盖板稍宽稍厚的木板，待工程竣工交验前再将木板凿除，换为盖板。

检查孔钢板桶的加工高度必须将顶部盖板的厚度扣除。

（7）减振垫浮置板铺设完毕后的内部防淤积措施

隔离式减振垫浮置道床起始、终止点排水沟两端及所有检查孔在施工完毕后必须立即用海绵或纱布塞死，防止灰尘及杂物被水带入减振垫下部，引起淤积，影响减振效果。

填充措施必须在线路开通使用前、道床表面完成最后清洁、排水系统设施投入使用后方可拆除。

（8）道床排水过渡段中心水沟盖板安装槽的预留要求

为了美观整洁并便于行走，减振地段与一般地段中心排水沟过渡段需设盖板，且盖板顶部不得高于道床表面，施工时在中心水沟模板两侧塞入与盖板厚度相同的木条，拆模的同时拆掉木条，或在抹面的同时用木条在模板内侧压出所需深度及宽度的盖板安装槽即可。

6.2.3 事后质量控制

减振垫浮置整体道床经施工单位自检确认符合设计要求和有关规范、规程以及资料齐全后，方可进行施工验收。现场监理应督促施工单位并协助业主进行施工验收。

1）隐蔽工程验收：如钢筋笼验收合后才能进行浇筑等。

2）施工质量验收：对于整体道床一般按照一组为一个检验批验收。

（1）不同地段排水沟衔接时，在较低一端的沟底采用道床混凝土一次浇筑形成顺坡层，顺坡层的长度根据不同地段的线路坡度而定，使最终排水坡度不小于2‰即可。

（2）各种预埋管线和预留沟槽均应注意与结构预留口的接口。

（3）正线轨道调整精度应符合《地下铁道工程施工质量验收标准》GB/T 50299—2018及《铁路轨道工程施工质量验收标准》TB 10413—2018中的相关要求。

（4）道床钢筋网施工时，应按杂散电流专业的要求焊接钢筋，并请该专业参加隐蔽工程检查。根据杂散电流专业的要求，每段整体道床内的纵向钢筋如有搭接，必须进行搭接焊。整体道床内的横向钢筋应电气连续，若有搭接，应进行搭接焊。焊接长度不小于钢筋直径的5倍。隧道内沿整体道床纵向每隔5m用一根横向钢筋与所有的收集网纵向钢筋焊接。由于埋入式杂散端子为厂制产品，杂散电流专业未提出详细的型式尺寸设计及供货技术条件，批量供货前需由供货厂家提交给杂散电流专业确认。埋入式杂散端子与道床块两端$\phi 16$圆钢进行焊接，焊接方法应满足杂散要求。

（5）检验合格后，按《建筑工程施工质量验收统一标准》GB/T 50300—2013的要求填表报项目监理部备案。

6.3 监理旁站点

监理旁站点如表 6-2 所示。

监理旁站点　　　　　　　　　　　　　　　　　　　　　　　　　表 6-2

旁站点	旁站内容	旁站要点	记录表
混凝土浇筑过程	从钢筋隐蔽验收通过、第一盘混凝土浇筑开始到混凝土全部浇筑完成的全过程进行旁站	混凝土坍落度是否满足要求	混凝土浇筑旁站记录表
		到达现场的混凝土是否超过初凝时间	
		混凝土浇筑是否严密	
		混凝土试块留置是否满足规范要求	
		混凝土浇筑过程有无异常	
		施工缝留置是否符合要求	

旁站监理记录如表 6-3 所示

旁站监理记录表（道床混凝土浇筑）　　　　　　　　　　　　　表 6-3

工程名称：

旁站时间	年　月　日	天气情况	□晴□阴□小雨□中雨□大雨＿＿℃
工程部位及名称			
混凝土浇筑开始时间	＿＿：＿＿	混凝土浇筑结束时间	＿＿：＿＿

施工情况：
1. 混凝土设计配合比：设计标号：＿＿＿，配合比单号：＿＿＿，设计坍落度：＿＿＿；
初凝时间：＿＿h, 终凝时间：＿＿h, 是否经过审批：□是　□否；
2. 现场人员：试验员：＿＿＿，施工员：＿＿＿，现场混凝土浇筑工＿＿＿人；
3. 施工条件：施工缝是否处理到位：□是　□否；钢筋工程是否通过验收：□是　□否；
模板工程是否通过验收：□是　□否；预埋管线是否通过验收：□是　□否；
4. 混凝土试块：计划留置混凝土抗压试块＿＿＿组，其中标养＿＿＿组，同条件试块＿＿＿组；
5. 施工设备：钢筋焊接设备：＿＿＿台，小龙门吊：＿＿＿台，是否通过验收：□是　□否

监理情况：
1. 混凝土：抽查混凝土配合比是否正确：□是　□否；到场时间是否超过初凝时间：□是　□否；
2. 抽查坍落度：
坍落度：＿＿＿mm, 时间：＿＿＿；坍落度：＿＿＿mm, 时间：＿＿＿；
坍落度：＿＿＿mm, 时间：＿＿＿；坍落度：＿＿＿mm, 时间：＿＿＿；
坍落度：＿＿＿mm, 时间：＿＿＿；坍落度：＿＿＿mm, 时间：＿＿＿；
3. 混凝土试件：
标□；同□；试件标号：＿＿＿，取样时间：＿＿＿；试件编号：＿＿＿；
标□；同□；试件标号：＿＿＿，取样时间：＿＿＿；试件编号：＿＿＿；
标□；同□；试件标号：＿＿＿，取样时间：＿＿＿；试件编号：＿＿＿；
标□；同□；试件标号：＿＿＿，取样时间：＿＿＿；试件编号：＿＿＿；
4. 混凝土浇筑量：＿＿＿m^3，总车数：＿＿＿车
混凝土浇筑过程：浇筑过程是否连续：□是　□否；混凝土是否存在离析现象：□是　□否；
混凝土供应是否及时：□是　□否；间隔时间最长达＿＿＿min；
5. 异常情况描述：＿＿＿＿＿＿＿＿＿＿＿＿＿＿＿＿＿＿＿＿＿＿＿＿＿＿＿＿＿＿＿＿＿＿＿
＿＿

续表

发现问题：
处理意见：
项目监理机构： 旁站监理人员（签字）： 年　月　日

6.4　现场见证点

现场见证点如表 6-4 所示。

现场见证点　　表 6-4

序号	见证点
1	中线、高程贯通测量及调整闭合检查
2	控制 / 加密基标位置及偏差检测
3	钢轨、配件、减振垫合格证及检验报告
4	混凝土原材材质及配合比检查
5	钢筋材质检查、焊接工艺及质量检查
6	钢筋绑扎隐蔽检查、防迷流要求及连接端子设置检查
7	混凝土坍落度、试件制作和强度检验
8	注水观察试验

6.5　减振浮置板整体道床施工相关检查表

6.5.1　相关检查记录

相关检查记录如表 6-5 所示。

相关检查记录　　　　　　　　　　　　　　　　　表 6-5

序号	相关检查记录表格名称	检查频率
1	隐蔽工程验收记录	按检验批验收

6.5.2 检验批质量验收记录

检验批质量验收相关记录如表 6-6 所示。

检验批质量验收记录　　　　　　　　　　　　　　表 6-6

序号	检验批质量验收表格名称	验收频率
1	基础找平层钢筋检验批质量验收记录表	按检验批验收
2	基础找平层模板检验批质量验收记录表	按检验批验收
3	基础找平层混凝土工程检验批质量验收记录表	按检验批验收
4	基础找平层混凝土工程外观尺寸检验批质量验收记录表	按检验批验收
5	减振垫铺设检验批质量验收记录表	按检验批验收
6	混凝土短轨枕检验批质量验收记录表	按检验批验收
7	支撑块轨排装设检验批质量验收记录表	按检验批验收
8	轨排组装架设检验批质量验收记录表	按检验批验收
9	钢筋检验批质量验收记录表	按检验批验收
10	混凝土（施工）检验批质量验收记录表	按检验批验收
11	模板检验批质量验收记录表	按检验批验收
12	混凝土（结构外观和尺寸偏差）检验批质量验收记录表	按检验批验收

第 7 章
整体道床道岔施工监理控制要点

本章执笔：赵 荣 贺小玲 安江涛

7.1 整体道床道岔施工监理控制要点

7.1.1 整体道床道岔施工工艺流程

整体道床道岔施工工艺流程如图 7-1 所示。

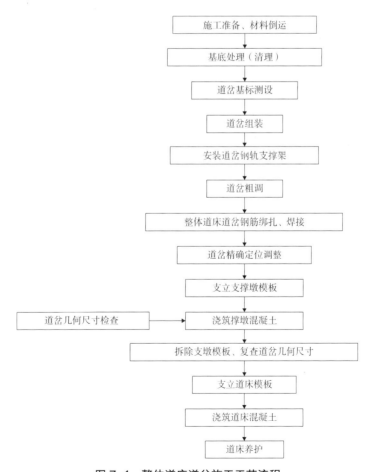

图 7-1 整体道床道岔施工工艺流程

7.1.2 整体道床道岔工序控制点

整体道床道岔工序控制点如表 7-1 所示。

整体道床道岔工序控制点 表 7-1

部位	项目	编号	主要质量控制点	监控措施
道岔组装架设		1	岔位测量、基标设置检查	见证检测
		2	道岔、岔枕订货、加工监控及岔枕试制试验	见证检验
		3	道岔、岔枕及配件出厂合格证，进场材质检查	检查
		4	基面（桥面）清理、凿毛、预埋筋处理检查	检查
		5	混凝土岔枕螺旋道钉锚固抗拔力不小于 60kN	见证检测
		6	预铺架设，支撑架（块）数量、位置、稳定检查	检查
		7	道岔位置、轨距、方向、水平、高低、支距、查照间隔及岔枕位置等检查	检查
整体道床		1	钢筋安装检查	见证检测
		2	整体道床混凝土同隧道整体道床混凝土	旁站监控
		3	防水层分别同高架或隧道整体道床防水层、保护层	见证检测
道岔精调		1	道岔里程位置、中线、方向偏差检查	检查
		2	导曲线支距、附带曲线正矢检查	检查
		3	轨顶水平、高程、高低偏差检查	检查
		4	轨距、轨面平顺、绝缘接头检查	检查
		5	查照间隔、护背距离检查	检查
		6	尖轨、可动芯轨的密贴、动程及扳动灵活检查	检查
		7	滑床板、轨撑密贴检查、配件、扣件齐全、紧固检查	检查
		8	信号安装检查	检查
		9	试通车（压道）检查	见证检测

7.2 整体道床道岔施工监理过程控制

道岔是引导列车从一股轨道转入或越过另一轨道的线路设施，它直接影响列车运行效率和安全，因此，铺设精度要求高，道岔的铺设及整体道床施工难度大、施工周期较长。

本节主要针对地铁地下线整体道床道岔施工过程的监理工作要点。

7.2.1 事前质量控制

1. 人员资质检查

（1）对承包人现场主要管理人员的资质进行审查，符合要求后签字确认并存档。

（2）对现场各级人员安全教育、技术交底情况进行检查。重点检查项目负责人和专职安全员的安全教育培训证，现场操作工人的三级安全教育记录，开工前的技术与安全交底记录，以及班前安全讲话记录等。

（3）对特殊工种人员（如电工、电焊工等）的资格进行审查。

2. 施工机械设备检查

（1）对用于工程的电焊机等主要施工机械设备进场后，要求承包人填报进场设备报验单向监理部报验。经过现场检查验收后签署意见。

（2）施工过程中如果更换或撤场需要经过监理部同意。

3. 对进场原材料检查验收

对进场钢筋及焊条按规范规定进行检查验收，并按规范规定对钢筋原材进行抽样复试，质量合格后才能使用。

4. 审查施工组织设计或专项施工方案

重点审查施工组织设计或专项施工方案中关于整体道床施工技术要求、重点难点分析和控制要点。

5. 技术准备要点

（1）核对施工图审查记录，确定已经通过了有关部门的审查。

（2）项目监理部要对施工图设计文件进行审查提出审核意见，图纸会审后由项目总监或总监代表对设计文件的主要内容在监理部内部进行交底。

（3）检查承包商是否进行了技术交底，交底是否全面、具体。

（4）检查现场技术准备工作，如混凝土配合比选定报告、桩位平面图、进度形象图、桩参数一览表、各种施工记录表等是否准备就绪。

6. 施工准备要点

（1）道岔区道床分段设置，设两侧水沟，伸缩缝的设置、道床混凝土等级等与区间一致。

（2）道床内设双层钢筋，纵向钢筋中的底筋兼做排流钢筋，钢筋焊接要求与区间一致。道床一般设两侧水沟，水沟宽250~400mm，道床面比短轨枕顶面低30m，在线路中心1.2m范围内为平坡，两侧向水沟方向设2%的排水横坡。为了绕避转辙机坑，在转辙机坑处，道床水沟改为单侧，水沟宽400mm，通过横向水沟连通，道床顶面向水沟方向设不小于1%的排水横坡。

（3）如因结构尺寸限制，需要利用结构侧墙作为沟壁，沟底与侧墙衔接处需采用聚合物水泥防水砂浆涂抹，防水砂浆涂抹宽度为水沟与侧墙衔接处两侧各宽150mm，防水层厚1.3mm，涂抹防水材料之前，应采用高压水或高压风清洁基面，要求基面无杂物、油污、灰尘及明水。

（4）道岔转辙器部分需安装2台转辙机，轨道设计时按转辙机坑包容尺寸设计，轨道施工前应请信号专业提供转辙机安装位置和安装基础图纸，施工时请与信号专业人员检查确认后再浇筑道床混凝土。根据信号专业要求，转辙基坑处需通过基坑内变坡的方式，使积水流向基坑的其中一个角，以便运营后进行人工排水或减少积水面积。

（5）道岔区铺轨基标按需要进行了加密，施工时应注意保护基标。同时，相关专业预埋管线、安装设备等专业配合工作增加，施工时应注意加强协调，做好联合隐蔽检查。

（6）根据与土建专业的配合，道岔范围内无结构沉降缝，如因施工误差无法避开且结构沉降缝位于道岔转辙器、辙叉及护轨等影响安全的重要部位时，采用10mm厚钢板进行补强，但最小长度不得小于2m。

7.2.2 事中质量控制

1. 整体道床道岔施工流程

1）施工准备

施工前，先进行线路复测，设置道岔控制基标，并在地面进行道岔的试装，经检查确认零件齐全、位置正确后，方可分组装车，运至施工地点。运装时将尖轨与基本轨捆牢避免尖轨损坏。

2）道岔组装运输和调整

在材料堆场组装整组道岔，并对各部分分组编号（如图7-2所示：单开道岔平面组合示意图）。按"1，4""2，3""5，6""7""8""9，10，11""12，13"的组合方式分为七部分（依次编号为①②③④⑤⑥⑦）。试拼合格确认无误后，在每根钢轨轨顶用白油漆标出岔枕中心位置，然后用汽车运至投料口，吊车吊运至距离工作面最近位置，人工倒运至工作面进行组装。组装时在岔位上安装钢轨支撑架和轨距拉杆，并将各组钢轨连接，挂上混凝土岔枕。

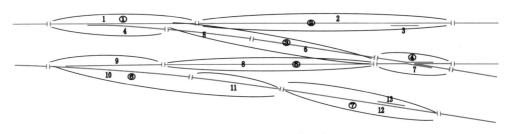

图7-2 单开道岔平面组合示意图

3）道岔调整

（1）道岔组装

根据基标用直角道尺和万能道尺调整水平。首先把直角道尺架在基本轨上，通过支撑架调整使直角道尺水准气泡居中。钢轨位置根据道岔基标调整，并根据中线用轨距校核，然后用万能道尺将另一股钢轨位置定出并调整水平。用支距控制曲线基本轨位置，调整就位后用道尺控制水平及中线，定出侧股的准确位置。每组钢轨架设调整后，设钢管加固支架，以防止调整后的钢轨因连动或意外碰撞发生变形。

先调整直线基本轨①、②，使轨道水平和平面位置达到设计要求，然后根据直线基本轨确定直线④、⑤、⑥的位置。直股调整完毕，再根据支距将曲线基本轨③调整就位，最后将⑦调整就位。

经自检并报请工程师检查通过后，立模浇筑支承墩混凝土。支承墩设于轨枕下，顶宽50cm，设置间距不大于钢轨支撑架间距。为提高支承墩混凝土的早期强度，缩短施工时间，混凝土中可掺入高效早强型减水剂。

（2）道岔调整精度

道岔按设计位置进行精度调整，其精度符合下列规定：

①道岔里程位置允许偏差为±15mm。

②导曲线圆顺，支距正确，其允许偏差为1mm，附带曲线用10m弦量，连续正矢允许偏差为1mm。

③高程：道岔全长范围内高低差不超过2mm，高程允许偏差为±1mm，不得有反超高。

④轨距：尖轨尖端处轨距允许偏差为±1mm，相邻两轨距以1‰顺坡。

⑤转辙器部分，尖轨连接牢固，搬动灵活，尖轨与基本轨密贴，其间隙不大于1mm，曲尖轨在第一连接杆处的动程不小于152mm。

⑥轨头部外侧至辙岔心作用边的距离为1391mm，允许偏差为0~+2mm，至翼轨作用边的距离为1348mm，允许偏差为-1~0mm。

⑦轨面平顺，滑床板在同一平面内，轨撑与基本轨密贴，其间隙不大于0.5mm。

⑧道岔范围内各接头以及与轨道连接处轨面无错台，轨头内侧直顺无错牙，其允许偏差为0.5mm。

⑨轨缝：允许偏差为0~1mm。

4）钢筋绑扎及防迷流焊接

整体道床道岔钢筋网采用现场集中下料、加工、绑扎焊接成型的作业方式，纵向钢筋按两相邻伸缩逢长度配料。按照要求进行散布。人工绑扎固定，调整网格间距。纵向和横向钢筋间距按要求焊接，每个结构段内的纵向钢筋的搭接处必须焊接，搭接长度不小于钢筋直径的5倍，在搭接处采用双面搭接焊，焊缝高度不小于6mm。上、下层钢筋都应满足混凝土最小保护层厚的要求。

5）道岔道床混凝土的浇筑

（1）模板安装

整体道床混凝土侧模采用组合钢模，安装模板前对道床标高及轨道中心线位置进行复查，以确保模板安装正确，模板安装允许偏差 ±10mm。

（2）道岔道床混凝土浇筑

先浇筑道岔支墩混凝土，待道岔支承墩混凝土强度达到 5MPa 后，拆除支撑架，对道岔各部位状态进行二次精调并全面检查各项尺寸，符合要求后方可浇筑。道床混凝土采用商品混凝土，由混凝土运输车运输至浇筑位置就位后，距洞口 300m 范围内直接泵送入模，超过 300m 的地方由混凝土料斗在下料口装好后运送至浇筑位置。为确保施工连续性及混凝土施工质量，每组道岔浇筑必须一次性完成。混凝土施工缝的接缝面与道床中心线垂直，施工缝设在伸缩缝处。使用插入式振捣器振捣并加强岔枕底部及周围混凝土的捣固，道床表面需抹面整平（抹面允许偏差为：平整度 3mm/m、高程 −5～0mm），及时喷洒混凝土养护剂。浇筑施工中应注意以下几个问题：

①根据试验控制的初凝时间及时对道床表面进行抹光，确保道床表面平整。

②混凝土强度需达到 5MPa 后才能拆除水沟模板。

③拆模后整个道床表面应光洁，不得有蜂窝、露筋、孔洞等现象，硬伤、掉角等缺陷应修补完好，麻面面积不超过该侧面积的 1%。

④为防止混凝土浇筑过程中污染扣件，浇筑前可用塑料袋对每组扣件进行遮盖。

⑤混凝土浇筑过程中注意不可碰撞钢轨，施工中随时检查轨道状态，发现问题及时处理。

⑥施工过程中对每车混凝土的坍落度均进行检查。同一混凝土配合比，每灌注 100m 道床（不足时按 100m 计）制作四组试件，两组在标准条件下养护，两组与道床同条件下养护。

⑦部分地段如因结构尺寸限制，有需要利用结构边墙作为排水侧壁的情况，在排水沟与结构边墙衔接处采用聚合物水泥防水砂浆（道床分两次浇筑时，若分界线设于水沟断面范围，则亦应做相应的防水处理），防水砂浆涂抹宽度为水沟宽度与边墙（道床）衔接处两侧各宽 250mm，防水层厚 1.3mm。涂抹防水材料之前应采用高压水或高压风清洁基面，要求基面无杂物、油污、灰尘及明水。

2. 整体道床交叉渡线施工

交叉渡线由 4 组 60kg/m 9 号单开道岔，一组菱形交叉和连接渡线组成。菱形交叉部分由两组钝角辙叉及两组锐角辙叉组成。菱形交叉的两股轨道均为直线，轨距有所加宽。所以交叉渡线除零部件数量多之外，其构造及轨距变化也较为复杂，施工难度较大。

1）施工方案

（1）交叉渡线中部的 8 组辙叉与其前后连接的钢轨连成一片，铺设时 8 组辙叉必须准确到位，底部高差均保持在 2mm 之内。这两点正是施工难点所在。

（2）在交叉渡线中 4 组 9 号辙叉、2 组锐角辙叉及 2 组钝角辙叉均为对应铺设，一侧辙叉的翼轨同时起到另一侧辙叉护轨的作用，而翼轨与护轨不同，其轮缘槽是无法调整的。此外各辙叉底部的平整度存在制造误差，辙叉底面四周的允许高差可达 2mm。

（3）辙叉的铺设若不到位，方向、轨距不良，查照间隔及护背距离就很难符合要求。

（4）针对交叉渡线的施工难点，采取对岔位精确定位、从中间辙叉向两头单开道岔转辙器的施工顺序进行施工。

（5）将交叉渡线纵向分为 3 段（如图 7-3 所示：交叉渡线平面组合示意图），针对施工难点，先铺设中段的 8 组辙叉部分，这部分铺设完毕再向其前后扩展铺设两端四组单开道岔的连接部分及转辙部分。该方案在施工时既可边铺设边调整，对辙叉的定位比较准确，又利于对渡线关键部分作精调及检查，质量易于保证。

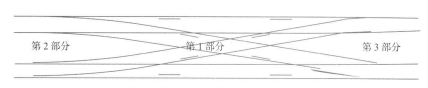

图 7-3　交叉渡线平面组合示意图

2）施工工艺及操作要点

交叉渡线施工工艺流程与单开道岔施工工艺流程基本相同。施工前首先根据线路基标及交叉渡线设计图纸测设菱形中心、菱形长短轴及四组 9 号辙叉理论交点等控制桩，然后按图纸散料，经技术人员核对无误后将短轨枕、垫板、垫片、轨距块及扣件等与辙叉及钢轨进行组装，至于基底处理、绑扎钢筋等与常规施工相同。

（1）辙叉部分的铺设

①用支撑架将交叉渡线中部的 8 组辙叉及其连接钢轨调至设计高程。各辙叉挂线后使其叉心理论交点与相应的控制桩的拉线重合。连结辙叉与钢轨的夹板，找正辙叉前后方向后装上轨距拉杆。

②检查菱形长短轴及 4 条斜边的长度。

③在适当位置立模浇筑支墩。

（2）交叉渡线中单开道岔的铺设

交叉渡线中包含四组单开道岔，其辙叉已随菱形交叉铺设完毕，因此只需铺设转辙及连接部分。转辙部分轨件多，空间少，且滑床板及护轨部分为偏心短枕，采用钢轨支撑架已无法调平滑床板。根据经验，施工时用小型螺旋千斤顶配合钢轨支撑架，用千斤顶调平短轨枕及滑床板，施工程序和要求如下：

①当转辙器部分曲直两基本轨的高程、方向、水平及轨距设定后，安装上拉杆及加长拉杆，连接部分除设拉杆保持轨距外，导曲线外股钢轨应在适当位置设置短拉杆以保持支距。

②将尖轨与基本轨进行分解，把一侧尖轨拨至轨道中部支撑架上；滑床板下的短轨枕依靠弹条扣件及滑床台下的弹片扣件悬挂在基本轨轨底，调平短轨枕前稍放松弹条螺母。

③在短轨枕底部里端中轴线附近放入千斤顶，滑床台面上设置水平尺，千斤顶升起的同时拧紧弹条螺母，要求滑床台面上水平尺保持水平。当弹条中部与钢轨接触时确保滑床台面水平。

④转辙器一侧的短轨枕经上述方法逐一调平后，用拉线检查同侧14块滑床台，台面在同一水平面上后方可打入弹片上的销钉；将尖轨拨回滑床台上，进行静态检查，首先使尖轨靠拢基本轨，若工厂生产的尖轨质量符合制造标准，则尖轨轨头刨切部分应与基本轨轨头密贴，尖轨轨底与滑床台间不应有较大空隙，若尖轨符合以上要求后，即可安装辙跟扣件及夹板，进行另一侧尖轨部分短轨枕的调整。

⑤当两侧尖轨下的短轨枕均调整完毕后，与道岔连接部分一并选择合适位置浇筑支墩，至此交叉渡线的安装调整工作基本完成，经承包商全面自检及现场监理工程师复查认可后，即可浇筑其整体道床。

⑥当整体道床混凝土终凝后，尖轨安装上拉连杆，作动态检查，安装拉连杆时，因尖轨、拉连杆及其接头铁等均可能存在公差，在设计、制造时准备调整片，以便现场根据实际情况增减拉连杆两端的调整片，但现场人员不能认为尖轨与基本轨密贴不良就随意设置调整片，一方面盲目增减调整片，反复装拆，浪费工时，另一方面造成尖轨变形，不能取得良好效果。施工时首先计算各拉连杆中心处两尖轨轨头间距，按此间距设置调整片，既省工又能保证道岔良好的技术状态，提高施工效率。

3. 技术及质量控制要点

（1）道岔调整精度

①导曲线和附带曲线：导曲线支距允许偏差为1mm，附带曲线用10m弦量连续正矢差允许偏差为1mm。

②轨顶水平高程：全长范围内高低差不大于2mm；高程允许偏差为±1mm。

③转辙器必须扳动灵活，曲尖轨在第一连接杆处的动程不小于152mm，尖轨与基本轨密贴，其间隙不大于1mm，尖轨尖端处轨距允许偏差为±1mm。

④护轨头外侧至辙岔心作用边的距离为1391mm；允许偏差为0~+2mm，至翼轨作用边的距离为1348mm，允许偏差为–1~0mm。

⑤轨面平顺，滑床板在同一平面内，轨撑各基本轨密贴，其间隙不大于0.5mm。

（2）转辙机基坑的预留

道岔转辙机基坑的预留位置的精度直接影响后续转辙机安装精度，转辙机基坑方钢中心距基本轨轨头3051mm，方钢中心距前后轨枕边缘的距离分别不小于260mm和200mm，基坑底至轨顶面的高度不小于391mm。

4. 现场监理对混凝土浇筑过程进行旁站监理工作要点

（1）浇筑混凝土，灌注中应随时抽查，测定坍落度和做混凝土试块，并要保证混凝土质量。

（2）现场监理对试件制作和抗压强度试验进行见证取样，如果现场监理人员对商品混凝土有疑问时，需进行必要抽检。抽检按监理规划抽检安排表的数量进行掌握，所有抽检、见证取样资料要妥善保管，逐项登记汇总。

（3）对承包人送现场监理签证的试验报告单、现场监理抽检报告单，应注明岔号和审核时间，报告中合格或不合格的结论均应填入工序质量检查表中，使混凝土的质量控制具有可追溯性。

（4）混凝土试件的制作：

①按施工规范要求同一配合比每班制作混凝土试块不得少于一组。施工过程中每调整一次配合比或换一个商品混凝土厂家供料，都要求承包人多做一组试件，做7d抗压强度试验。试件必须在施工现场制作，并进行标准养护。

②对试验报告中不合格的混凝土，要求承包人对不合格品进行报告，查找原因。承包人应对该段混凝土进行抽芯取样，实际检测混凝土强度，在充分占有原始资料、问题清楚的情况下，由监理协助业主进行质量事故处理。

5. 施工过程中监控一般工作方法

整体道床道岔的施工有很多道工序，有很多要点必须执行，但监理工程师不可能对每道工序，每个要点都进行验收签证，应该是在承包商（施工单位）自检合格的基础上由监理人员对一般工序进行抽检，对隐蔽工序关键环节进行验收签证。

（1）道岔的铺设位置、种类、岔号、开向应符合设计规定。

（2）道岔基本轨、尖轨、辙叉及配件应按设计图铺设，基本轨必须落槽，滑床板应平正，轨撑与轨头下颚和垫板挡肩应密贴。轨面应平顺，滑床板在同一平面。

（3）道岔转辙部分安装后必须扳动灵活；尖轨无损伤，曲尖轨在第一连接杆处的动程不应小于152mm，尖轨尖端与基本轨密贴，其间隙不应大于1mm。尖轨的尖端处轨距允许偏差为0～+1mm。

（4）辙叉安装不得损伤辙叉心、辙叉翼；护轨头部外侧至辙叉心作用边的距离为1391mm，允许偏差为0～+2mm，至翼轨作用边的距离为1348mm，允许偏差为-1～0mm。

（5）相邻两正线岔尾直接相连的道岔，铺设轨温宜相近，相差不得超过10℃。道岔区不设轨底坡。

（6）道岔导曲线部位不得出现反超高，外股钢轨可适当抬高，但超高不得大于6mm，超高顺坡率不得大于2‰。

（7）钢轨及道岔等的精度调整合格后，必须牢固固定，经隐蔽检查合格后，应及时浇筑道床混凝土。

7.2.3 事后质量控制

整体道床道岔经施工单位自检确认符合设计要求和有关规范、规程以及资料齐全后，方可进行施工验收。现场监理应督促施工单位并协助业主进行施工验收。

1）隐蔽工程验收：如钢筋验收合后才能进行浇筑等。

2）施工质量验收：对于整体道床道岔一般按照一组为一个检验批验收。

（1）不同地段排水沟衔接时，在较低一端的沟底采用道床混凝土一次浇筑形成顺坡层，顺坡层的长度根据不同地段的线路坡度而定，使最终排水坡度不小于2‰即可。

（2）各种预埋管线和预留沟槽均应注意与结构预留口的接口处理。

（3）正线9号道岔调整精度应符合《地下铁道工程施工质量验收标准》GB/T 50299—2018及《铁路轨道工程施工质量验收标准》TB 10413—2018中道岔的相关要求。

（4）道床钢筋网施工时，应按杂散电流专业的要求焊接钢筋，并请该专业参加隐蔽工程检查。根据杂散电流专业的要求，每段整体道床内的纵向钢筋如有搭接，必须进行搭接焊。整体道床内的横向钢筋应电气连续，若有搭接，应进行搭接焊。焊接长度不小于钢筋直径的5倍。隧道内沿整体道床纵向每隔5m用一根横向钢筋与所有的收集网纵向钢筋焊接。由于埋入式杂散端子为厂制产品，杂散电流专业未提出详细的型式尺寸设计及供货技术条件，批量供货前需由供货厂家提交给杂散电流专业确认。埋入式杂散端子与道床块两端 $\phi 16$ 圆钢进行焊接，焊接方法应满足杂散要求。

（5）检验合格后，按《建设工程施工质量验收统一标准》GB/T 50300—2013的要求填表报项目监理部备案。

（6）有缝道岔铺设允许偏差应符合表7-2所示相关规定。

有缝道岔铺设允许偏差　　　　表7-2

序号	检验项目		正线到发线（mm）	车场线（mm）
1	方向	直线（10m弦量）	4	6
		导曲线支距	±2	
2		高低（10m弦量）	4	6
3		水平（10m弦量）	4	6
4	轨距	尖轨尖端	±1	
		其他部位	−2～+3	
5		顶铁与尖轨轨腰的间隙	≤1	
6		滑床板与尖轨间隙	缝隙小于1mm，且大于或等于1mm缝隙不应连续出现	≤2（每侧允许一处大于2mm）

续表

序号	检验项目		正线到发线（mm）	车场线（mm）
7	轮缘槽宽度		平直段 –0.5 ~ +1；其余 ±2	–1 ~ +3
8	接头	错牙、错台	≤ 1	≤ 2
		头尾接头相错量	≤ 15	≤ 20
		轨缝实测平均值与设计文件规定值差	±2	
9	岔枕间距、偏斜		±10	±20
10	尖轨尖端相错量		≤ 10	

7.3 监理旁站点

监理旁站点如表 7-3 所示。

监理旁站点 表 7-3

旁站点	旁站内容	旁站要点	记录表
混凝土浇筑过程	从钢筋隐蔽验收通过、第一盘混凝土浇筑开始到混凝土全部浇筑完成的全过程进行旁站	混凝土坍落度是否满足要求	混凝土浇筑旁站记录表
		到达现场的混凝土是否超过初凝时间	
		混凝土浇筑是否严密	
		混凝土试块留置是否满足规范要求	
		混凝土浇筑过程有无异常	
		施工缝留置是否符合要求	

旁站监理记录如表 7-4 表示。

旁站监理记录表（道床混凝土浇筑） 表 7-4

工程名称：

旁站时间	年　月　日	天气情况	□晴□阴□小雨□中雨□大雨　　　　℃
工程部位及名称			
混凝土浇筑开始时间	：	混凝土浇筑结束时间	：

施工情况：
1. 混凝土设计配合比：设计标号：＿＿＿＿，配合比单号：＿＿＿＿，设计坍落度：＿＿＿＿；
初凝时间：＿＿＿＿h，终凝时间：＿＿＿＿h，是否经过审批：□是　□否；
2. 现场人员：试验员：＿＿＿＿，施工员：＿＿＿＿，现场混凝土浇筑工＿＿＿＿人；
3. 施工条件：施工缝是否处理到位：□是　□否；钢筋工程是否通过验收：□是　□否；
模板工程是否通过验收：□是　□否；
4. 混凝土试块：计划留置混凝土抗压试块＿＿＿＿组，其中标养＿＿＿＿组，同条件试块＿＿＿＿组；
5. 施工设备：钢筋焊接设备：＿＿＿＿台，小龙门吊：＿＿＿＿台，是否通过验收：□是　□否

· 105 ·

续表

监理情况:
1. 混凝土:抽查混凝土配合比是否正确:□是　□否;到场时间是否超过初凝时间:□是　□否;
2. 抽查坍落度:
坍落度:_____ mm,时间:_____;坍落度:_____ mm,时间:_____;
坍落度:_____ mm,时间:_____;坍落度:_____ mm,时间:_____;
坍落度:_____ mm,时间:_____;坍落度:_____ mm,时间:_____;
3. 混凝土试件
标□;同□;渗□;试件标号:_____,取样时间:_____;试件编号:_____;
标□;同□;渗□;试件标号:_____,取样时间:_____;试件编号:_____;
标□;同□;渗□;试件标号:_____,取样时间:_____;试件编号:_____;
标□;同□;渗□;试件标号:_____,取样时间:_____;试件编号:_____;
4. 混凝土浇筑量:_____ m³,总车数:_____车
混凝土浇筑过程:浇筑过程是否连续:□是　□否;混凝土是否存在离析现象:□是　□否;
浇筑过程中是否胀模:□是　□否;混凝土供应是否及时:□是　□否;间隔时间最长达_____ min;
5. 异常情况描述:_____
_____

发现问题:

处理意见:
项目监理机构:
旁站监理人员(签字):
年　月　日

7.4 现场见证点

现场见证点如表7-5所示。

现场见证点　　　表7-5

序号	见证点
1	混凝土配合比试配
2	混凝土试块取样
3	混凝土坍落度检查
4	钢筋等原材料的试验取样与送检
5	钢筋焊接接头试验取样与送检

7.5 整体道床道岔施工相关检查表

7.5.1 相关检查记录

相关检查记录如表 7-6 所示。

	相关检查记录	表 7-6
序号	相关检查记录表格名称	检查频率
1	隐蔽工程验收记录	按检验批验收

7.5.2 检验批质量验收记录

检验批质量验收相关记录如表 7-7 所示。

	检验批质量验收记录	表 7-7
序号	检验批质量验收表格名称	验收频率
1	混凝土短岔枕检验批质量验收记录表	按检验批验收
2	钢筋检验批质量验收记录表	按检验批验收
3	模板检验批质量验收记录表	按检验批验收
4	混凝土工程检验批质量验收记录表	按检验批验收
5	混凝土（结构外观和尺寸偏差）检验批质量验收记录表	按检验批验收
6	道岔铺设及整道检验批质量验收记录表	按检验批验收

第 8 章
碎石道床（木枕、混凝土枕）道岔施工监理控制要点

本章执笔：赵 荣　贺小玲　安江涛

8.1 碎石道床道岔施工监理控制要点

8.1.1 碎石道床道岔施工工艺流程

碎石道床道岔施工工艺流程如图 8-1 所示。

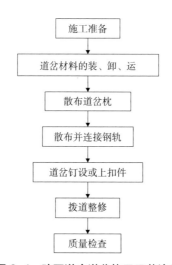

图 8-1　碎石道床道岔施工工艺流程

8.1.2 碎石道床道岔工序控制点

碎石道床道岔工序控制点如表 8-1 所示。

碎石道床道岔工序控制点　　　　表 8-1

部位项目	编号	主要质量控制点	监控措施
道岔组装架设	1	岔位测量、基标设置检查	见证检测
	2	道岔、岔枕订货	见证检验
	3	道岔、岔枕及配件出厂合格证，进场材质检查	检查

续表

部位项目	编号	主要质量控制点	监控措施
道岔组装架设	4	混凝土岔枕螺旋道钉锚固抗拔力不小于60kN	见证检测
	5	道岔位置、轨距、方向、水平、高低、支距、查照间隔及岔枕位置等检查	检查
碎石道床	1	道砟材质检查	见证检测
	2	道砟的铺设	检查
	3	上砟整道	检查
道岔精调	1	道岔里程位置、中线、方向偏差检查	检查
	2	导曲线支距、附带曲线正矢检查	检查
	3	轨顶水平、高程、高低偏差检查	检查
	4	轨距、轨面平顺、绝缘接头检查	检查
	5	查照间隔、护背距离检查	检查
	6	尖轨、可动芯轨的密贴、动程及扳动灵活检查	检查
	7	滑床板、轨撑密贴检查、配件、扣件齐全、紧固检查	检查
	8	信号安装检查	检查
	9	试通车（压道）检查	见证检测

8.2 碎石道床道岔施工监理过程控制

道岔是引导列车从一股轨道转入或越过另一轨道的线路设施，它直接影响列车运行效率和安全，因此，铺设精度要求高，道岔的铺设及碎石道床施工难度大、施工周期较长。

本节主要针对地铁库外线碎石道床道岔施工过程的监理工作要点。

8.2.1 事前质量控制

1. 人员资质检查

（1）对承包人现场主要管理人员的资质进行审查，符合要求后签字确认并存档。

（2）对现场各级人员安全教育、技术交底情况进行检查。重点检查项目负责人和专职安全员的安全教育培训证，现场操作工人的三级安全教育记录，开工前的技术与安全交底记录，以及班前安全讲话记录等。

（3）对特殊工种人员（如电工、电焊工、起重工等）的资格进行审查。

2. 施工机械设备检查

（1）对用于本工程的装载机、压路机、起重机等主要施工机械设备进场后，要求承包人填报进场设备报验单向监理部报验。经过现场检查验收后签署意见。

（2）施工过程中如果更换或撤场需要经过监理部同意。

3. 对进场原材料检查验收

对进场道砟按规范规定进行检查验收，并按规范规定对道砟进行抽样复试，质量合格后才能使用。

4. 审查施工组织设计或专项施工方案

5. 技术准备要点

（1）核对施工图审查记录，确定已经通过了有关部门的审查。

（2）项目监理部要对施工图设计文件进行审查提出审核意见，图纸会审后由项目总监或总监代表对设计文件的主要内容在监理部内部进行交底。

（3）检查承包商是否进行了技术交底，交底是否全面、具体。

（4）检查现场技术准备工作，如道岔桩位平面图、进度形象图、道岔参数一览表、各种施工记录表等准备就绪。

8.2.2 事中质量控制

1. 施工程序

（1）平整道砟

①道砟必须符合现行行业标准。

②铺砟前先铺一层厚度不小于20cm的碎石道砟，其宽度岔前不少于3m，依次递增至岔后不少于5.4m。

③按水准桩及中线桩平整道砟并与相邻道岔或线路高差进行顺坡。

（2）散布岔枕

①用机械吊铺岔枕就位（短岔枕也可人工抬运就位）。

②用测绳自岔前至岔后拉直，并标出岔枕间隔距离，逐根散布，小范围内的细方岔枕用撬棍调整。

（3）锚固剂锚固

①锚固前，清除轨枕预留孔内杂物、粉尘及污染物，清除螺旋道钉上的铁锈、油污及粘附物。在锚固孔底用木塞、黏土等堵严，防止漏浆，道钉的锚固深度不得小于150mm。

②将锚固剂导入搅拌锅内，称取锚固剂重量13%～14%的水，与锚固剂一起拌合2～3min。将拌合均匀的锚固剂，灌注入道钉预留孔中，用捣鼓棒捣实。

③螺旋道钉与承轨槽面垂直，道钉中线与承轨槽面的交点，偏离预留孔中心不得大于2mm，道钉圆台底高出承轨槽面，但不得大于2mm。将拌合均匀的锚固剂从轨枕面垂直注入螺栓孔内，锚固剂要一次灌够，但不宜太满，距承轨槽面10mm为宜，灌浆深度应比螺旋道钉插入孔内的长度长20mm左右。

④当锚固剂硬化抗压强度大于35MPa时，即可受力，达到强度后，采用锚固抗拔仪进行抗拔力的检测，其抗拔力不得小于60kN。

（4）上轨连接夹板

道岔钢轨一般直股直接卸车吊轨就位，弯股人工用撬棍拨移到混凝土枕承轨槽就位。连接夹板后要求轨缝均匀，岔前接头方正，道岔纵向允许偏差不宜超过 5mm。如果与其他道岔相连，将龙口轨连接好后，留有轨缝，为保证后继道岔及龙口渡线位置，允许偏差可超过 5mm。

（5）画轨枕印、细方轨枕

①道岔钢轨上所画的岔枕印应严格要求，测量准确、标志明显。

②应按标准图要求点画，并注意 1～54 号岔枕应垂直直股方向，55～57 号岔枕逐渐向垂直辙叉角平分线方向扭转，57～84 号岔枕均垂直辙叉角平分线，第 87～89 号、90～92 号岔枕又逐渐向垂直于岔后线路方向扭转。

（6）上扣件

①上扣件前应先垫好钢轨下塑料垫板及橡胶垫板，胶垫圆点朝下，沟槽朝上，特别注意斜坡胶垫不要放错位置。

② 60kg/m 钢轨 12 号单开道岔混凝土岔枕扣件种类较多，安装前要按标准图对号核实就位。

③组装时对一些不合适的扣件不可用锤硬打入位，以防打坏配件和轨枕挡肩。

④按规定力矩拧紧扣件。

2. 现场监理碎石道床道岔实施监理工作要点

（1）混凝土岔枕重量大，宜用机械装卸，散布装卸时应慢吊轻放，以免互相撞击发生碰伤或折断。

（2）使用机械装卸和散布钢轨、岔枕时，吊件下面严禁站人，防止绳索拉断或岔枕滑落伤人。

（3）人工抬运岔枕或调整间距时，应防止岔枕滑落挤伤人，使用的抬杠和钢丝绳不可过短。

（4）人工拨轨时施工人员应全部站在钢轨一侧统一指挥。翻转钢轨时应用撬棍敲击轨头以示信号，待全部人员离开钢轨，确认安全时再开始翻转，撬棍前后严禁站人。

（5）与线下单位协调解决事宜

道岔铺设完毕后，应与线下单位及时联系，提醒注意以下问题：

①起道拨道时因混凝土岔枕重量大，起道机不要顶在岔枕上以免损坏岔枕。

②每次起道量不要太大，起道机起道后不要突然松开使整个道岔下落，以免折断岔枕。

③起道捣固应全面进行，不要只捣固个别岔枕以防过车压断岔枕及松开起道机岔枕承力过大使岔枕产生裂纹或折断。

④开通前不允许有岔枕悬空现象。要特别加强对接头及辙叉部位的捣固。

⑤道岔铺设完毕后，及时上砟、整道，尽快交接。

3. 施工过程中监控一般工作方法

碎石道床道岔的施工有很多道工序，有很多要点必须执行，但监理工程师不可能对每道工序，每个要点都进行验收签证，应该是在承包商（施工单位）自检合格的基础上由监理人员对一般工序进行抽检，对隐蔽工序关键环节进行验收签证。

（1）道岔的铺设位置、种类、岔号、开向应符合设计规定。

（2）道岔基本轨、尖轨、辙叉及配件应按设计图铺设，基本轨必须落槽，滑床板应平正，轨撑与轨头下颚和垫板挡肩应密贴。

（3）道岔转辙部分安装后必须扳动灵活；尖轨无损伤，在静止状态下，尖轨尖端与基本轨密贴；尖轨在拉杆处的动程应符合设计规定。

（4）辙叉安装不得损伤辙叉心、辙叉翼；各部间隔应符合设计图的规定。

（5）相邻两正线岔尾直接相连的道岔，铺设轨温宜相近，相差不得超过10℃。道岔区不设轨底坡。

（6）道岔导曲线部位不得出现反超高，外股钢轨可适当抬高，但超高不得大于6mm，超高顺坡率不得大于2‰。

8.2.3 事后质量控制

碎石道床道岔经施工单位自检确认符合设计要求和有关规范、规程以及资料齐全后，方可进行施工验收。现场监理应督促施工单位并协助业主进行施工验收。对于碎石道床道岔施工质量验收一般按照一组为一个检验批验收。

（1）碎石道床采用单层道砟，轨底中心线部位轨道结构高度为750mm，道床面低于预应力混凝土岔枕顶面30mm。

（2）道砟采用《铁路碎石道砟》TB/T 2140—2008中规定的特级道砟，碎石道床在铺设前须用水清洗道砟，避免线路开通前有脏污水排入道砟范围。道砟在铺设前需清洗干净，且铺设工作面保持干净无杂物垃圾。全面整道后，应经列车或单机压道，压道次数不小于30次。

（3）道岔轨道中心线应与其连接轨道的中心线重合，道岔直股方向与其连接的线路应一致，远视直顺；侧股方向与其连接曲线应连接圆顺。零配件安装正确齐全，标记正确、齐全、清晰。道床应饱满，道床断面和岔枕埋深应符合设计要求，标记正确齐全、字迹清晰，清洁无杂物，砟肩、边坡和中部砟面整齐。

（4）正线9号道岔调整精度应符合《地下铁道工程施工质量验收标准》GB/T 50299—2018及《铁路轨道工程施工质量验收标准》TB 10413—2018中道岔的相关要求。

（5）检验合格后，按《建筑工程施工质量验收统一标准》GB 50300—2013 的要求填表报项目监理部备案。

（6）有缝道岔铺设允许偏差应符合表 8-2 所示相关规定。

有缝道岔铺设允许偏差　　　　　　　　　　　　表 8-2

序号	检验项目		正线到发线（mm）	车场线（mm）
1	方向	直线（10m 弦量）	4	6
		导曲线支距	±2	
2		高低（10m 弦量）	4	6
3		水平（10m 弦量）	4	6
4	轨距	尖轨尖端	±1	
		其他部位	−2 ~ +3	
5		顶铁与尖轨轨腰的间隙	≤1	
6		滑床板与尖轨间隙	缝隙小于 1mm，且大于或等于 1mm 缝隙不应连续出现	≤2（每侧允许一处大于 2mm）
7		轮缘槽宽度	平直段 −0.5 ~ +1；其余 ±2	−1 ~ +3
8	接头	错牙、错台	≤1	≤2
		头尾接头相错量	≤15	≤20
		轨缝实测平均值与设计文件规定值差	±2	
9		岔枕间距、偏斜	±10	±20
10		尖轨尖端相错量	≤10	

8.3 碎石道床道岔施工相关检查表

碎石道床道岔施工相关检查记录如表 8-3 所示。

碎石道床道岔施工相关检查记录　　　　　　　　　表 8-3

序号	检验批质量验收表格名称	验收频率
1	铺底砟检验批质量验收记录表	按检验批验收
2	铺道（面）砟检验批质量验收记录表	按检验批验收
3	铺岔枕检验批质量验收记录表	按检验批验收
4	道岔铺设及整道检验批质量验收记录表	按检验批验收

第 9 章
库内线道床施工监理控制要点

本章执笔：王枫梅　王一卓　成　彬

9.1 库内线道床施工监理控制要点

9.1.1 库内线一般整体道床基层二灰碎石施工工艺流程

库内线一般整体道床基层二灰碎石施工工艺流程如图 9-1 所示。

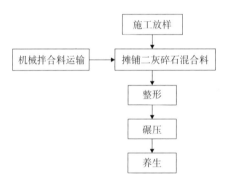

图 9-1　库内线一般整体道床基层二灰碎石施工工艺流程

9.1.2 库内线一般整体道床混凝土垫层施工工艺流程

库内线一般整体道床混凝土垫层施工工艺流程如图 9-2 所示。

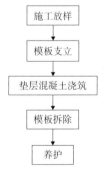

图 9-2　库内线一般整体道床混凝土垫层施工工艺流程

9.1.3 库内线整体道床施工工艺流程

库内线整体道床施工工艺流程如图 9-3 所示。

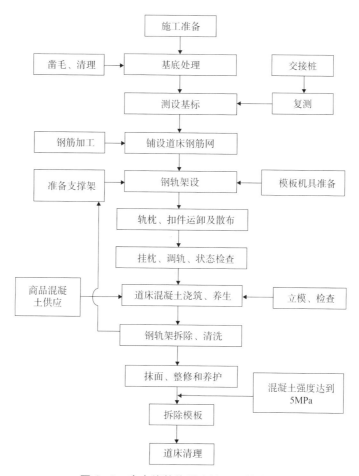

图 9-3 库内线整体道床施工工艺流程

9.1.4 库内线立柱式检查坑道床施工工艺流程

库内线立柱式检查坑道床施工工艺流程如图9-4所示。

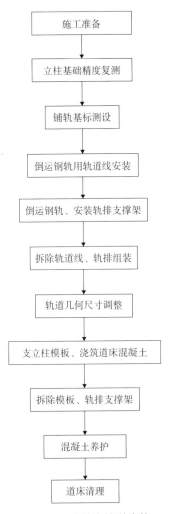

图9-4 库内线立柱式检查坑道床施工工艺流程

9.1.5 库内线墙式检查坑整体道床施工工艺流程

库内线墙式检查坑整体道床施工工艺流程如图 9-5 所示。

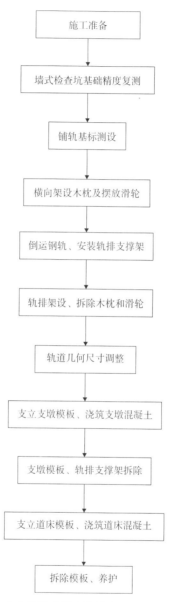

图 9-5 库内线墙式检查坑整体道床施工工艺流程

9.1.6 库内线道床工序控制点

库内线道床工序控制点如表 9-1 所示。

库内线道床工序控制点 表 9-1

部位	项目	编号	主要质量控制点	监控措施
库内线整体道床	二灰砂砾	1	基面标高测设	检查
		2	二灰砂砾出厂合格证、检测报告检查	检查
		2	二灰砂砾碾压养生后压实系数、K_{30} 试验检测	见证检测、抽检
		3	二灰砂砾施工后标高及摊铺宽度检查	检查
	混凝土垫层	1	垫层标高测设	检查
		2	模板支立检查	检查
		3	垫层混凝土浇筑	旁站监控
		4	混凝土试件制作及抗压强度检测	见证检测、抽检
		5	垫层混凝土完成后标高复测	检查
	一般整体道床	1	控制/加密基标位置及偏差检测	见证检测
		2	基标牢固及标志检查	检查
		3	钢轨、构配件合格证及检验	见证检验
		4	钢轨调直、头部检查、处理；扣件检查	检查
		5	支撑架架设间距及牢固度，架设位置检查	检查
		6	轨枕间距、位置偏差	检查
		7	钢轨接头位置、轨面平顺、轨缝偏差检查	检查
		8	轨距、水平、方向、高程、轨底坡偏差检查	检查
		9	正矢偏差检查	检查
		10	混凝土原材材质及配合比检查	检查
		11	钢筋材质检查及质量检查	见证检验、抽检
		12	钢筋绑扎隐蔽检查、防迷流要求及连接端子设置检查	检查
		13	钢轨、扣件、轨枕防污染措施检查	检查
		14	混凝土搅拌、浇筑、振捣检查	旁站监控
		15	混凝土试件制作和强度检验	见证检验、抽检
		16	中线、外形尺寸偏差检查	检查
		17	伸缩缝材料规格、外观、尺寸验收	检查
		18	伸缩缝位置、宽度检查	检查
	立柱式整体道床	1	控制/加密基标位置及偏差检测	见证检测
		2	基标牢固及标志检查	检查
		3	钢轨、构配件合格证及检验	见证检验
		4	钢轨调直、头部检查、处理；扣件检查	检查
		5	支撑架架设间距及牢固度，架设位置检查	检查
		6	轨枕间距、位置偏差	检查

续表

部位	项目	编号	主要质量控制点	监控措施
库内线整体道床	立柱式整体道床	7	钢轨接头位置、轨面平顺、轨缝偏差检查	检查
		8	轨距、水平、方向、高程、轨底坡偏差检查	检查
		9	正矢偏差检查	检查
		10	钢轨、扣件、轨枕防污染措施检查	检查
		11	中线、外形尺寸偏差检查	检查
	墙式检查坑整体道床	1	控制/加密基标位置及偏差检测	见证检测
		2	基标牢固及标志检查	检查
		3	钢轨、构配件合格证及检验	见证检验
		4	钢轨调直、头部检查、处理；扣件检查	检查
		5	支撑架架设间距及牢固度，架设位置检查	检查
		6	轨枕间距、位置偏差	检查
		7	钢轨接头位置、轨面平顺、轨缝偏差检查	检查
		8	轨距、水平、方向、高程、轨底坡偏差检查	检查
		9	正矢偏差检查	检查
		10	钢筋材质检查及质量检查	见证检验、抽检
		11	混凝土原材材质及配合比检查	检查
		12	钢轨、扣件、轨枕防污染措施检查	检查
		13	混凝土搅拌、浇筑、振捣检查	旁站监控
		14	混凝土试件制作和强度检验	见证检验、抽检
		15	中线、外形尺寸偏差检查	检查

9.2 库内线道床施工监理过程控制

9.2.1 事前质量控制

1. 人员资质检查

（1）对承包人现场主要管理人员的资质进行审查，符合要求后签字确认并存档。

（2）对现场各级人员安全教育、技术交底情况进行检查。重点检查项目负责人和专职安全员的安全教育培训证，现场操作工人的三级安全教育记录，开工前的技术与安全交底记录，以及班前安全讲话记录等。

（3）对特殊工种人员（如电工、电焊工、起重工等）的资格进行审查。

2. 施工机械设备检查

（1）对用于工程的吊车、电焊机等主要施工机械设备进场后，要求承包人填报进场设备报验单向监理部报验。经过现场检查验收后签署意见。

（2）施工过程中如果更换或撤场需要经过监理部同意。

3. 对进场原材料检查验收

对进场工程材料、构配件按规范规定进行检查验收，并按规范规定对钢筋原材、商品混凝土配合比原材料进行抽样复试，质量合格后才能使用。

4. 审查施工组织设计或专项施工方案

重点审查施工组织设计或专项施工方案中关于库内线道床施工技术要求、重点难点分析和控制要求。

5. 技术准备要点

（1）核对施工图审查记录，确定已经通过了有关部门的审查。

（2）项目监理部要对施工图设计文件进行审查提出审核意见，图纸会审后由项目总监或总监代表根据设计文件的主要内容在监理部内部进行交底。

（3）检查承包商是否进行了技术交底，交底是否全面、具体。

（4）检查现场技术准备工作，如混凝土配合比选定报告、供货厂家选定、进度形象图、各种施工记录表等准备就绪。

9.2.2 事中质量控制

1. 一般整体道床二灰碎石基层主要施工方法

库内线一般整体道床基层施工均于直线段。

（1）施工放样

在下承层上恢复线路中线，直线段每 15～20m 设一桩，并在两侧设指示桩，进行水平测量，在两侧指示桩上明显标出边缘的设计标高。

（2）混合料拌合

二灰砂砾混合料采用稳定土拌和设备拌和，由厂家直接供料。拌和时配料要准确，拌和要均匀，含水量要略大于最大值，使混合料运到现场摊铺后，碾压时的含水量能接近最佳值，拌和混合料的堆放时间不得超过24h，宜在当天将拌成的混合料送至现场，摊铺并碾压成型。

在每次拌制二灰砂砾混合料之前，应检测原材料含水量的大小，及时调整拌和时的加水量，出料后及时取样检测混合料的含水量、石灰剂量、二灰含量以及拌和均匀性，如有不足，应及时予以调整。同时，取样制备二灰碎石无侧限抗压强度试件。

（3）运输和摊铺混合料

混合料采用自卸车运输，摊铺前放好中线及边桩线，按通过试验段确定的松铺厚度用推土机配合人工摊铺混合料，用平地机来调整平整度及横坡，摊铺时如遇雨天，应采取覆盖措施保护混合料不遭雨淋。

（4）碾压

摊铺后，当混合料含水量处于最佳含水量 ±1% 时即可进行碾压，如表面水分不足，适当洒水，但严禁大量洒水碾压，确保二灰砂砾边缘密实。先稳压，后用 18～21t 压路机在路基全范围内进行碾压，一般需碾压 6～8 遍，两侧多压 2～3 遍，碾压时直线段必须由边到中，每次碾压后轮必须重叠 1/2 以上，后轮重叠碾压至另一侧即为一遍，碾压一直进行到要求的密实度为止，同时表面无明显轮迹，严禁压路机在已完成的或正在碾压的路段上调头和急刹车，以保证表面不受破坏，碾压过程中，表面应始终保持湿润，如表面水分蒸发得快，应及时补洒少量的水。碾压中如发现有"弹簧""松散""起皮"等现象，应及时翻开更换混合料，使其达到质量要求。

（5）接缝和调头处的处理

二灰砂砾基层每条工作缝做成横向接缝，第二天开始摊铺新混合料之前，应将末端斜坡挖除，并挖成一横向垂直向下的断面，挖出的混合料加水到最佳含水量拌匀后仍可使用，如摊铺中断一天时间，则挖出的混合料不得再使用。

（6）养护

碾压完成后的第二天或第三天开始，采用洒水养护，每天洒水的次数以气候条件而定，应始终保持表面潮湿，养护期一般为 7d，养护期内除洒水车外应封闭交通。

2. 一般整体道床垫层混凝土主要施工方法

（1）施工放样

在基层上恢复线路中线，并在两侧设指示桩，进行水平测量，在两侧指示桩上明显标出边缘的设计标高。

（2）基底清洁及底面处理

为确保垫层混凝土与二灰碎石基层面有良好的联结，需将垫层与二灰碎石基层底面进行清扫。保证垫层混凝土与二灰碎石基层有较好的粘贴力，确保垫层混凝土施工质量。

（3）模板安装

对模板安装要求达到目视平顺，安装稳固，接缝严密，不漏浆。模板支立采用外斜支撑方式支撑，支撑要牢固，防止混凝土浇筑过程中出现跑模现象。

（4）浇筑垫层混凝土

浇筑垫层混凝土前，应再次检测模板安装位置，确认符合验收标准后方可浇筑道床混凝土。道床混凝土采用商品混凝土，由混凝土运输车运输至浇筑位置就位后，直接自卸或泵送入模。为确保施工连续性及混凝土施工质量，每个施工段的垫层混凝土浇筑必须一次性完成。混凝土的施工缝的接缝面与道床中心线垂直，施工缝设在伸缩缝处。使用插入式振捣器振捣并加强模板处周围混凝土的捣固，垫层表面需整平（不得影响上层整体道床施工），及时喷洒混凝土养护剂。

3. 一般整体道床混凝土主要施工方法

（1）施工放样

由于库内柱式检查坑整体道床全部线路均为直线，为方便施工，基标的设置位置定在轨道中心。基标的材料可选用φ18钢筋，在安装时基标的顶部应比地面高20cm左右。基标设置完成后应告诫现场工人加强对其保护，以免产生施工误差。加密基标埋设宜等高等距；根据控制基标采用坐标法或偏角法和水准测量方法逐一测设加密基标平面位置和高程；直线加密基标应满足纵向6m±5mm，横向上加密基标偏离两控制基标间的方向线应小于2mm，高程上相邻加密基标实测高差与设计高差较差应小于1mm，每个加密基标的实测高程与设计高程较差应小于2mm。

（2）基底清洁及底面处理

为确保整体道床混凝土与底板面有良好的连接，需将整体道床与垫层表面进行清扫，清扫完毕之后再用高压水进行冲洗，保证混凝土与垫层表面有较强的粘贴力，确保整体道床施工质量。

（3）短轨枕轨排组装

①先将扣件与短轨枕组装在一起，再用弹条将组装了扣件的轨枕挂到钢轨上，组成轨弦，采用轨距控制装置将轨弦组装成25m轨排。

②短轨枕按照设计规定数量等距悬挂，前后两块间距允许偏差为±10mm。短轨枕应与钢轨中轴线垂直，内外对齐。

（4）轨排架设

由于整体道床必须一次成形，轨道各部几何尺寸精度要求高，且在混凝土浇筑前必须把轨道各部几何尺寸调至设计值，轨排的调整定位程序是：先调水平，后调轨距；先调桩点，后调桩间；先调基准轨，后调另一轨，先粗调后精调的原则，反复调至符合标准为止：

①粗调定位：轨排经钢轨支撑架摆放就位后，以铺轨基标为基准，借助于直角道尺和万能道尺，通过钢轨支撑架支撑杆对轨道几何状态进行粗调。要求轨道目视顺直或圆顺，标高、轨距、水平及方向偏差均不超过±20mm（以减少精调的工作量），内外长轨枕对齐，上紧接头螺栓并保持轨缝对接。

②精调定位：轨排粗调完成后，采用弦线法、水准仪和万能道尺（精度允许偏差为0~0.5mm）等工具进行精调定位作业。具体调整方法如下：

a.用直角道尺检查、调整其中一股钢轨。先将立柱高度调节至基标与轨面高差相适应，再将立柱底的对准器对准基标的中心孔，道尺滑动块架在钢轨上。

b.同时将万能道尺紧贴直角道尺架在左右两股钢轨上，检查两股钢轨的轨距。

c.调整基标前后相临钢轨支撑架，且先调水平再调中线。

d.旋转支撑架立柱，使钢轨升高或降低，直角道尺水准气泡居中时表示该股钢轨已调至所需高度，万能道尺水准气泡居中时，表示另一侧钢轨也调至所需高度。

e.旋转支撑架上的轨卡螺丝（先松一侧再紧另一侧）使轨排左右移动，直至直角道尺滑块指针读数为零。

f. 目测观察配合万能道尺和10m或20m长弦线丈量，旋转离基标较远的支撑架的立柱和轨卡螺栓，使钢轨平直。

g. 在整个调轨作业中，由于钢轨支撑架的位置与线路基标不在同一断面上，钢轨与支撑架立柱又不在同一位置，以及某一支撑架调整时钢轨的刚性连动，调轨工作往往需要重复多次，反复调整，才能达到要求。

h. 精调完毕的轨道几何尺寸允许偏差如表9-2所示。

轨道几何尺寸允许偏差　　　　　表9-2

序号	检查项目	允许偏差
1	轨距	−2～+4mm，变化率不应大于1‰
2	水平	4mm
3	轨向	直线段不大应于4mm/10m弦
4	高低	直线段不大应于4mm/10m弦
5	中线	10mm
6	高程	±10mm
7	轨底坡	1/20～1/40（设计文件为1/30时）； 1/30～1/50（设计文件为1/40时）

（5）道床钢筋绑扎

①整体道床钢筋网采用在钢筋加工厂集中下料、加工，纵向钢筋按两相邻伸缩缝长度配料。人工倒运至施工地点，按照要求进行散布，人工绑扎固定，调整网格间距。

②整体道床每隔3.125m左右设置一处20mm的伸缩缝，伸缩缝以沥青木板形成，并以沥青麻筋封顶。

（6）模板安装

对模板安装要求达到目视平顺，安装稳固，接缝严密，不漏浆。模板支立采用外斜支撑方式支撑，支撑要牢固，防止混凝土浇筑过程中出现跑模现象。

（7）浇筑道床混凝土

浇筑道床混凝土前，应再次检测轨道几何尺寸，确认符合验收标准后方可浇筑道床混凝土。道床混凝土采用商品混凝土，由混凝土运输车运输至浇筑位置就位后，直接泵送入模。为确保施工连续性及混凝土施工质量，每个施工段的整体道床混凝土浇筑必须一次性完成。混凝土施工缝的接缝面与道床中心线垂直，施工缝设在伸缩缝处。使用插入式振捣器振捣并加强轨枕底部及周围混凝土的捣固，道床表面需抹面整平（抹面允许偏差为：平整度3mm/m，高程−5～0mm），及时喷洒混凝土养护剂。浇筑施工中应注意以下几个问题：

①混凝土浇筑时采用插入式振捣棒振捣密实，并不得碰撞钢轨、轨枕、模板，根

据试验控制的初凝时间及时对道床表面进行抹光，确保道床表面平整。

②道床混凝土初凝前应及时进行面层以及水沟的抹面，并将钢轨、轨枕、扣件、支撑架等表面灰浆清理干净。混凝土强度需达到5MPa后才能拆除水沟模板。

③拆模后整个道床表面应光洁，不得有蜂窝、露筋、孔洞等现象，硬伤、掉角等缺陷应修补完好，麻面面积不超过该侧面积的1%。

④为防止混凝土浇筑过程中污染扣件，浇筑前可用塑料袋对每组扣件进行遮盖。

⑤混凝土浇筑过程中注意不可碰撞钢轨，施工中随时检查轨道状态，发现问题及时处理。

⑥施工过程中对每车混凝土的坍落度均进行检查。同一混凝土配合比，每灌注100m道床（不足时按100m计）制作4组试件，两组在标准条件下养护，2组与道床同条件下养护。

4. 柱式检查坑整体道床各主要工序施工方法

（1）立柱下部基础位置检查

由于立柱的设置精度直接影响到铺轨的质量，因此，在施工前应派测量人员对立柱设置位置进行检查，尤其是钢轨接头位置的立柱设置精度。

（2）铺轨基标测设

由于库内柱式检查坑整体道床全部线路均为直线，因此在进行基标设置时按照测量规范规定，将基标的设置间距定为6m，在施工放样时必须特别将信号绝缘接头位置加密基标，并做好标记，以指导钢轨接头对位，防止材料浪费。为方便施工，基标的设置位置定在轨道中心。基标的材料可选用$\phi 18$钢筋，在安装时基标的顶部应比地面高20cm左右。基标设置完成后应告诫现场工人加强对其保护，以免产生施工误差。

（3）钢轨及其扣配件的倒运

在施工柱式检查坑整体道床时由于道床的结构高度较高，因此钢轨的倒运是施工难度较大且危险性较高的施工工序。为提高施工速度及保证施工的安全性，立柱式检查坑施工时采用自制滚道线，在施工时将存放在库门外的钢轨用特制吊架吊上滚道线，人工沿着滚道线将已经计算好的钢轨推送至指定位置，钢轨的推送顺序从库后向库前方向。滚道支架设置间距为6m，在两股钢轨基本就位后，安装轨排支撑架，撤除滚道线，转入下股道施工。

（4）轨排组装、调整

由于设计图纸已经确定了库内钢轨的配置，因此在铺轨前应派测量人员根据设计文件对第一对钢轨接头位置进行精确定位，为方便施工，铺轨顺序可从库前至库后进行铺设，轨排对位必须准确，以免产生不必要的材料浪费。轨排组装时可间隔两根立柱设置一个轨距拉杆，为保证整个轨排的稳定性，可在每个轨距拉杆处设置一对拉锁器进行加固。轨排在调整时可利用万能道尺及直角道尺进行调整；轨排的架设采用特为施工柱式检查坑整体道床而加工的轨排支撑架进行架设。由于柱式检查坑整体道床采用的是无轨枕式道床，在施工时铁垫板下橡胶垫板会因为与铁垫板不密贴而被浇筑进混凝土中，影响轨道施工质量，采用与橡胶垫板尺寸完全相同的木垫板临时代替橡胶垫板，浇筑混凝土时，混凝土顶面与木板底面平齐，待混凝土达到终凝条件后再将木垫板拆除，换橡胶垫板。

（5）立模

模板在支立时可采用自制铁模，施工前根据立柱尺寸加工成型，在高度方面，应比柱体结构尺寸高出 3～5cm。整个模板采用方木条进行纵横向连接加固，为防止模板在浇筑混凝土时产生纵横向平移，可在模板底部用钢筋头固定，钢筋头打入底部混凝土中。

（6）混凝土浇筑

混凝土运输是浇筑柱式检查坑整体道床时比较困难的工序，由于场地狭窄，大型运输车辆无法进入，因此在进行混凝土运输时采用手推车进行运输；浇筑时应保证整个立柱的混凝土一次性浇筑完成，防止分层浇筑产生施工缝，影响立柱结构质量以及立柱的外观质量。混凝土振捣应与浇筑同时进行，浇筑厚度控制在 30cm 以内就要开始进行振捣，振捣时应保证使振动棒快插慢拔，振捣至混凝土不再产生气泡为止。振捣时应避免振动棒碰击到模板，使模板产生变形，影响外观质量。在浇筑混凝土时为防止混凝土污染钢轨及扣配件，可在立柱位置铺设挡板，罩在钢轨及扣配件上。

（7）模板拆除

模板在拆除过程中，应根据模板支立时的先后顺序进行拆除，尤其在拆除立柱处的模板时应保护好立柱的棱角。

（8）混凝土养护

混凝土养护应在混凝土浇筑完成后的 12～18h 开始，养护时间不得少于 7d。

5. 库内墙式检查坑整体道床各主要工序施工方法

库内墙式检查坑整体道床的施工在工序组织上和柱式检查坑整体道床以及普通整体道床基本相同，只是由于库内墙式检查坑整体道床在具体施工时受到场地限制比较大，以至于轨排的架设比较困难，或者轨排架设后的稳定性及安全性会受到影响。

（1）线路复测

线路复测主要是针对结构单位所施工的检查坑基础的线路中心及内壁结构尺寸，因为其直接影响到轨道施工的质量。

（2）铺轨基标测设

根据库内墙式检查坑整体道床的施工特点，将铺轨基标设置在线路中心位置，间距为 6m，其材料采用 $\phi18$ 的钢筋，钢筋顶面切割成"十"字丝，其设置高度应比基础面高出约 10～20cm，由于其设置高度比较高，因此在施工作业期间容易被碰到，而影响施工质量，所以在施工前应教育现场施工人员加强对基标的保护。

（3）钢轨、轨枕及其扣配件倒运、轨排组装

由于库内墙式检查坑整体道床结构高度较高，因此在钢轨、轨枕及其扣配件等材料倒运中，钢轨的倒运难度及危险性较大。轨枕及扣配件可用手推车或人工进行倒运，而钢轨在倒运之前为保证施工安全必须先在已经做好的检查坑基础上垫木枕和滚轮，滚轮线超出库门轴线约30m，再用特制吊架将钢轨吊上滚轮，依次倒运至工作面，再根据已经测设好的钢轨接头位置进行钢轨对位并连接钢轨，对位及钢轨连接完成之后在钢轨上用粉笔标记出轨枕位置进行轨排组装，最后安装轨排支撑架，进行轨道几何尺寸调整。

（4）轨排架设

轨排在架设前应提前在钢轨上标出轨枕的位置，然后将其放置在横向架设在检查坑侧壁上的木枕上，在按照3~4m的间距安装轨距拉杆以控制轨距，注意轨距拉杆及木枕应避开短轨枕的位置，轨排组装完成后，采用特别加工的上承式支撑架进行轨排架设、钢轨接头精确定位及轨道几何尺寸调整，轨排支撑架设置间距约3m。为保证整个轨排的稳定性应采用拉锁器及横向支撑杆对轨排进行固定。

（5）支立支撑墩模板、浇筑支撑墩

轨排架设调整完成之后应进行支撑墩模板的支立，在支立时模板间距为每隔3对轨枕设置一对。浇筑混凝土时轨枕底部的混凝土应加强振捣，保证轨枕底部混凝土的密实度，支撑墩混凝土顶面高度控制在比轨枕底面高出约3~5cm的距离，顶面混凝土应拉毛，以保证与整体道床混凝土的粘结性。

（6）支立道床模板、浇筑整体道床

模板材料、各部位形状尺寸、相互位置、接缝处理、支架等要作好设计和处理，以保证支模后的强度、刚度、稳定性和接缝的严密性，位置的正确性。整体道床模板在支立时应充分利用已经浇筑好的下侧壁部分以及横向及纵向挡板进行模板固定，在浇筑混凝土时应派模板工人值班，保证整体道床混凝土美观。

（7）模板拆除、道床养护

模板在拆除时应注意对棱角及侧壁面的保护，防止损伤之后影响外观，养护应在混凝土浇筑完成之后的12~18h开始，养护时间不得少于7d。

6. 施工过程中监控一般工作方法

整体道床质量控制涉及轨道铺设、模板工程、钢筋工程、混凝土工程、过轨线路预埋协调、杂散电流预埋端子的处理等多个方面的问题，控制点多，涉及的专业方向多且要求高，这是轨道施工监理的重点、难点和关键所在。

（1）基底必须清除干净，并经监理检查验收合格后再进行下道工序施工。轨排组装前，对基底杂物进行全面清扫运走，待轨排架起支撑架后用高压水枪冲洗，确保基底清洁。

（2）严格隐蔽工程检查。轨排组装好、安装支撑架后，经承包人自检合格，再报监理进行隐蔽工程检查。主要检查整体道床钢筋的规格、品种、数量、间距、绑扎、焊接是否符合设计标准；检查轨道高程、中线是否符合设计要求；采用10m弦对轨顶的平顺和轨向进行量测，凡超标处必须调整达标；对轨枕间距进行量测，不符合设计、规范要求的，立即进行调整，直至达标为止。

（3）对模板安装要求达到目视平顺，安装稳固，接缝严密，不漏浆。

（4）对商品混凝土严格抽检坍落度，观察到场混凝土的和易性，同时督促施工单位按要求做试块，待达龄期后送检试验；在混凝土初凝前，再次对整体道床的高程、中线、轨距、水平进行检查，如有变动，及时调整，把误差调整到允许范围内，确保整体道床轨道工程的质量达到设计要求。控制模板拆除时间，一般道床混凝土强度达到5MPa以上方可拆除模板及支撑架。

（5）督促承包商加强道床养护。特别是高温季节，养护不及时，会造成混凝土质量缺陷。

（6）现场监理对混凝土浇筑过程进行旁站监理，并注意以下几点：

①浇筑混凝土中应随时抽查，测定坍落度和按规范要求制作混凝土试块，确保混凝土质量。

②现场监理对试件制作和抗压强度试验进行见证取样，如果现场监理人员对商品混凝土有疑问时需进行必要抽检。抽检按监理规划抽检安排表的数量进行掌握，所有抽检、见证取样资料要妥善保管，逐项登记汇总。

③对试验报告中不合格的混凝土，要求承包人对不合格品进行报告，查找原因。承包人应对该段混凝土进行抽芯取样，实际检测混凝土强度，在充分占有原始资料、问题清楚的情况下，由监理协助业主进行质量事故处理。

9.2.3 事后质量控制

整体道床经施工单位自检确认符合设计要求和有关规范、规程以及资料齐全后，方可进行施工验收。现场监理应督促施工单位并协助业主进行施工验收。

1）隐蔽工程验收：如钢筋绑扎、杂散电流预埋端子焊接验收合后才能进行浇筑等。

2）施工质量验收包括如下内容：

（1）对于一般整体道床施工按每股道二灰碎石基础为一检验批、素混凝土垫层为一检验批、整体道床连续浇筑完成为一检验批；对于立柱式检查坑按连续浇筑完每股道为一检验批；对于墙式检查坑按每股道同一部位为一检验批。

（2）对整体道床混凝土应进行抗压试件检测，抗压强度，普通混凝土力学性能试验应以三个试件为一组，每组试件所用的搅拌物应从同一盘混凝土或同一车混凝土中取样。每拌制100盘但不超过100m³的同配合比的混凝土，取样不少于一次。当一次连续浇筑超过 1000m³，同一配合比的混凝土每 200m³ 取样不得少于一次；每次取样至少留置一组标准养护试件，同条件养护试件的留数应根据实际需要确定。

（3）整体道床轨道施工应符合《地下铁道工程施工质量验收标准》GB/T 50299—2018 和《铁路轨道工程施工质量验收标准》TB 10413—2018 的相关规定。

（4）检验合格后，按《建筑工程施工质量验收统一标准》GB 50300—2013 的要求填表报项目监理部备案。

9.3 监理旁站点

监理旁站点如表 9-3 所示。

监理旁站点　　　　　　　　　　　　　　　　　　　　　　　　　　表 9-3

旁站点	旁站内容	旁站要点	记录表
混凝土浇筑过程	从钢筋隐蔽验收通过、第一盘混凝土浇筑开始到混凝土全部浇筑完成的全过程进行旁站	混凝土坍落度是否满足要求	混凝土浇筑旁站记录表
		到达现场的混凝土是否超过初凝时间	
		混凝土浇筑是否严密	
		混凝土试块留置是否满足规范要求	
		混凝土浇筑过程有无异常	
		施工缝留置是否符合要求	

旁站监理记录如表 9-4 所示。

旁站监理记录表（道床混凝土浇筑）　　　　　　　　　　　　　　表 9-4

工程名称：

旁站时间	年　月　日	天气情况	□晴□阴□小雨□中雨□大雨　　　℃
工程部位及名称			
混凝土浇筑开始时间	＿＿：＿＿	混凝土浇筑结束时间	＿＿：＿＿

施工情况：
1. 混凝土设计配合比：设计标号：＿＿＿＿，配合比单号：＿＿＿＿，设计坍落度：＿＿＿＿；
初凝时间：＿＿＿＿ h，终凝时间：＿＿＿＿ h，是否经过审批：□是　□否；
2. 现场人员：试验员：＿＿＿＿＿＿，施工员：＿＿＿＿＿＿，现场混凝土浇筑工＿＿＿＿人；
3. 施工条件：施工缝是否处理到位：□是　□否；钢筋工程是否通过验收：□是　□否；
模板工程是否通过验收：□是　□否；预埋管线是否通过验收：□是　□否；
4. 混凝土试块：计划留置混凝土抗压试块＿＿＿＿组，其中标养＿＿＿＿组，同条件试块＿＿＿＿组；
5. 施工设备：钢筋焊接设备：＿＿＿＿台。

续表

监理情况:
1. 混凝土: 抽查混凝土配合比是否正确: □是　□否; 到场时间是否超过初凝时间: □是　□否;
2. 抽查坍落度:
坍落度: _____ mm, 时间: _____ ; 坍落度: _____ mm, 时间: _____ ;
坍落度: _____ mm, 时间: _____ ; 坍落度: _____ mm, 时间: _____ ;
坍落度: _____ mm, 时间: _____ ; 坍落度: _____ mm, 时间: _____ ;
3. 混凝土试件:
标□; 同□; 试件标号: _____ , 取样时间: _____ ; 试件编号: _____ ;
标□; 同□; 试件标号: _____ , 取样时间: _____ ; 试件编号: _____ ;
标□; 同□; 试件标号: _____ , 取样时间: _____ ; 试件编号: _____ ;
标□; 同□; 试件标号: _____ , 取样时间: _____ ; 试件编号: _____ ;
4. 混凝土浇筑量: _____ m^3, 总车数: _____ 车
混凝土浇筑过程: 浇筑过程是否连续: □是　□否; 混凝土是否存在离析现象: □是　□否;
混凝土供应是否及时: □是　□否; 间隔时间最长达 _____ min;
5. 异常情况描述: _____
_____
_____

发现问题:

处理意见:

监理单位:
项目监理机构:
旁站监理人员(签字):
　　　　　　　　　　　年　　月　　日

9.4 现场见证点

现场见证点如表 9-5 所示。

现场见证点　　　　　　　　　　　　表 9-5

序号	见证点
1	混凝土配合比试配
2	混凝土试块取样
3	混凝土坍落度检查
4	钢筋等原材料的试验取样与送检
5	钢筋焊接接头试验取样与送检
6	现场二灰碎石压实系数及 K_{30} 试验检测

9.5 库内线道床施工相关检查表

9.5.1 相关检查记录

相关检查记录如表 9-6 所示。

相关检查记录　　　　　　　　　　　　表 9-6

序号	相关检查记录表格名称	检查频率
1	隐蔽工程验收记录	按检验批验收
2	现场混凝土浇筑申请表	审查

9.5.2 检验批质量验收记录

检验批质量验收相关记录如表 9-7 所示。

检验批质量验收记录　　　　　　　　　　　　表 9-7

序号	检验批质量验收表格名称	验收频率
1	二灰砂砾检验批质量验收记录表	按检验批验收
2	支撑块轨排装设检验批质量验收记录表	按检验批验收
3	混凝土短轨枕检验批质量验收记录表	按检验批验收
4	钢筋检验批质量验收记录表	按检验批验收
5	模板检验批质量验收记录表	按检验批验收
6	混凝土工程检验批质量验收记录表	按检验批验收
7	混凝土（结构外观和尺寸偏差）检验批质量验收记录表	按检验批验收
8	轨排组装架设检验批质量验收记录表	按检验批验收

第 10 章
无缝线路（焊轨、应力放散及锁定）施工监理控制要点

本章执笔：王枫梅　王一卓　成　彬

10.1 无缝线路施工监理控制要点

10.1.1 无缝线路焊轨工艺流程

无缝线路焊轨工艺流程如图 10-1 所示。

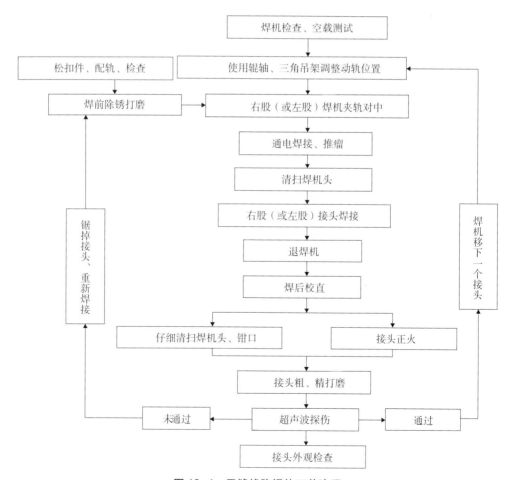

图 10-1　无缝线路焊轨工艺流程

10.1.2 无缝线路应力放散和锁定工艺流程

无缝线路应力放散及锁定可采用拉伸器滚筒法或滚筒法，应符合下列规定：

1. 当施工作业时的轨温低于设计锁定轨温时，应采用拉伸器滚筒法施工。拉伸器滚筒法施工基本工艺流程见图10-2。

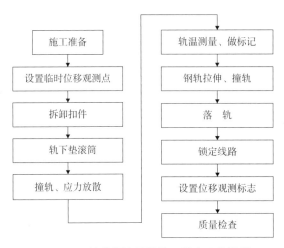

图10-2 拉伸器滚筒法施工基本工艺流程

2. 当施工作业时的轨温在设计锁定轨温范围内时，应采用滚筒法施工。滚筒法施工基本工艺流见图10-3。

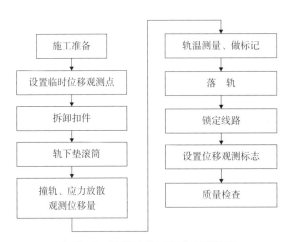

图10-3 滚筒法施工基本工艺流程

10.1.3 无缝线路施工工序控制点

无缝线路施工工序控制点如表10-1所示。

无缝线路施工工序控制点　　　　　　　　表10-1

部位	项目	编号	主要质量控制点	监控措施
无缝线路轨道	钢轨焊接	1	配轨设计、技术交底审核	审核
		2	钢轨类型、规格、质量检验、外观检查	检查
		3	焊接机具设备检查	检查
		4	试焊检查及试验（型式检验）及工艺参数审核	旁站监控
		5	焊接、打磨、淬火工艺监控，记录检查	旁站监控
		6	焊接轨温控制及记录检查	旁站监控
		7	焊头探伤及外观检查	见证检验
		8	焊缝及两侧检查、接头平直度检查	检查
		9	周期性生产检验	见证检验
	长轨铺设、整道	1	位移观测桩设置检查	检查
		2	钢轨位移量观测及记录检查	见证检测
		3	扣件形式符合性及齐全、有效性检查	见证检验
		4	轨道静态几何尺寸误差检查	见证检验
	线路锁定	1	应力放散作业监控	旁站监控
		2	锁定轨温的温度控制监控	旁站监控
		3	钢轨位移量观测及记录检查	旁站监控
	轨道精度调整及钢轨打磨	1	钢轨硬弯检查	检查
		2	轨道中心线、直线方向及曲线正矢偏差检查	检查
		3	轨顶高程、高低差检查	检查
		4	轨距、水平、扭曲、接头等检查	检查
		5	轨面及内侧表面平顺度检查	检查
		6	缓冲区接头大六角螺栓配置及扭矩检查	检查
		7	建筑限界尺寸检查	见证检测
		8	试通车（压道）检查	见证检测

10.2 无缝线路施工监理过程控制

钢轨焊接、应力放散及锁定是铺设无缝线路轨道的关键，控制着施工进度和质量。在焊接铺设前，必须进行试焊，选定焊轨参数。按照《钢轨焊接 第1部分：通用技术条件》TB/T 1632.1—2014 的标准，认真做好静弯、落锤、疲劳、金相、硬度、抗拉力及冲击力试验。在取得型式试验成功、确定焊接技术参数后，才能正式进行铺轨焊接。接触焊接头金相结构和强度接近本材，焊接质量好、效率高，按要求采用接触焊法。工地移动接触焊焊接参数控制，接头对中平顺，是钢轨焊接质量控制的关键。

本节叙述主要针对地铁地下线无缝线路（焊轨、应力放散及锁定）施工过程的监理工作要点。

10.2.1 事前质量控制

1. 人员资质检查

（1）对承包人现场主要管理人员的资质进行审查，符合要求后签字确认并存档。

（2）对现场各级人员安全教育、技术交底情况进行检查。重点检查项目负责人和专职安全员的安全教育培训证，现场操作工人的三级安全教育记录，开工前的技术与安全交底记录，以及班前安全讲话记录等。

（3）对特殊工种人员（如电工、电焊工、起重工、焊轨作业工等）的资格进行审查。

2. 施工机械设备检查

（1）对用于工程的焊轨机、仿形打磨机等主要施工机械设备进场后，要求承包人填报进场设备报验单向监理部报验。经过现场检查验收后签署意见。

（2）施工过程中如果更换或撤场需要经过监理部同意。

3. 对进场原材料检查验收

（1）检查出厂合格证、检验报告、技术说明书等。

（2）核对进场钢轨的炉缸号，外观检查是否有硬弯、扭曲、裂缝、碰伤等缺陷，无眼孔。

（3）核查试验报告中的化学成分，机械性能及金相组织等，是否符合国家相关标准的规定，如对母材有疑义，督促承包人复验。

4. 审查施工组织设计或专项施工方案

5. 技术准备要点

（1）核对施工图审查记录，确定已经通过了有关部门的审查。

（2）项目监理部要对施工图设计文件进行审查提出审核意见，图纸会审后由项目总监或总监代表根据设计文件的主要内容在监理部内部进行交底。

（3）检查承包商是否进行了技术交底，交底是否全面、具体。

（4）检查现场技术准备工作，如桩位平面图、进度形象图、各种施工记录表等准备就绪。

6. 施工准备要点

（1）调试选定工艺参数、型式检验

此工序是控制焊接质量的关键，监理工程师对焊接工艺参数调试、试焊、静弯及落锤试验、断口分析等要进行旁站，对其他疲劳、金相、抗拉等试验，需检查试验报告，所有规定型式试验项目达到标准后，签字确认方可投产批量焊接。

（2）出现下列情况之一时应进行生产检验

①连续焊接200个接头。

②焊机工况变化，对某个焊接参数进行修正之后。

③焊机出现故障、记录曲线异常、故障排除之后。

④焊机停焊钢轨1个月以上，开始焊接生产前。

生产检验有1个及以上试件不合格时应予复验。复验合格可投产批量焊接。

10.2.2 事中质量控制

1. 拆扣件、安放滚筒

（1）拆除待焊轨头前方长钢轨全部及轨头后方10m范围内的扣件，并校直钢轨。

（2）根据轨枕和扣件类型适当垫高待焊轨头后方的钢轨，以保证焊头轨顶平直度。

（3）待焊轨头前方长钢轨下每隔12.5m安放一个滚筒，以便钢轨可以纵向移动焊接。

2. 钢轨焊前检查

（1）检查钢轨表面质量，应符合《地下铁道工程施工质量验收标准》GB/T 50299—2018的相关规定。

（2）检查左右股单元轨节接头相错量，不宜超过100mm，对超出部分在焊接前进行锯除。

3. 轨端打磨

（1）对钢轨端头500mm范围内钢轨轨顶、轨底和端面除锈时，应使其露出90%以上的金属光泽。如果在此范围内有凸出轨腰表面的厂标，生产日期等符号必须同时磨平。

（2）砂轮机应沿钢轨纵向进行打磨，严禁转向打磨，要保持轨头原曲线形状，对母材的打磨量不超过0.2mm。打磨时砂轮应与钢轨平稳接触，防止砂轮跳动。打磨时不得用力过猛，防止钢轨表面局部过热而发黑发蓝。

（3）待焊钢轨除锈后的放置时间不得超过24h，若超过24h或打磨后有水、油、污垢污染时，应重新进行打磨处理。

（4）经除锈处理后的钢轨若处理表面被污染，应重新处理。

4. 焊机对位

（1）每班由调车员联系和协调，将移动式焊轨机和工班作业人员运抵焊接作业区。

（2）根据轨枕和扣件类型，在钢轨下加楔子将两焊接轨端抬起一定高度，便于焊机对位夹轨。

（3）推进移动焊轨车进行初定位，载有移动式焊轨机的平板车第一个轮对距焊接位置3.2m左右，并由设置在该车底板上的四个液压油缸将整车顶起，使其车轮离开钢轨约150～200mm。

（4）移动式焊轨机对位完成后，作业人员应迅速打好车辆止轮器，并应保证在焊接作业完程中车辆不会发生溜车现象。

5. 焊接和推凸

（1）焊前必须检查焊机的供电电压，供电电压值必须在规定的允许范围内，在生产过程中也应随时检查。

（2）严格按焊轨机安全操作规程进行焊轨作业。待焊钢轨进入焊机后，对中时首先要保证钢轨顶面和工作面平顺。对中后作用面错位偏差不大于 0.5mm，非作用面错位偏差不大于 1mm，焊缝中心不偏离焊机钳口中心。

（3）焊机夹紧钢轨并自动对正。焊机自动焊接钢轨、顶锻并推除焊瘤。

（4）焊机监控人员应认真观察焊接记录，分析每个焊接接头曲线，与型式试验通过时的焊接曲线仔细对比，发现异常及时汇报给有关部门，不得擅自变更焊机的技术参数。

（5）焊接结束后，应立即检查焊机钳口部位及钢轨与钳口接触处有无打火烧伤、被钳口烧伤的焊接接头应判为不合格。如果发现焊接接头存在表面烧伤、严重错位、推瘤推亏和裂纹等缺陷都应判为不合格。

（6）焊机的导电钳口表面必须光洁、平整，发生烧伤时应及时处理，必要时更换，更换后方可再进行焊接。每焊完一个焊接接头应对钳口清理，不得留有尘渣。

（7）每班前应该对焊接设定的参数进行核实，确认无异常后方可进行下一步的作业。

6. 正火

（1）正火使用火焰加热器对焊接接头进行加热，正火温度的测量使用光电测温仪。

（2）火焰正火操作应按以下步骤进行：

①在钢轨下垫上短枕木头。

②将火焰加热器、流量控制箱、乙炔过滤器、乙炔瓶、氧气瓶和冷却水泵用胶管连接。

③将正火机架放置在钢轨上，将火焰加热器放置在正火机架的圆柱形导杠上，调整加热器与钢轨表面间隙，使得间隙均匀、对称之后锁定。

④启动冷却水泵。

⑤调节加热器的位置，使焊接接头处于加热器摆动中心，摆动幅度不小于 60mm。

⑥调节乙炔流量为 $3.8m^3/h$，氧气流量为 $4.2m^3/h$。

⑦将氧气流量下调爆鸣点火，点火之后氧气流量恢复规定格数，摇火摆动频率控制在 60 次/秒左右。

⑧达到正火温度应同时关闭控制箱快速开关阀，但乙炔比氧气先关数秒。

⑨正火加热起始阶段轨头表面中心线温度应在 450℃以下，加热终了轨底表面中心线温度应为 920℃左右。型式试验确定的钢轨正火工艺参数必须严格执行。光电测温仪探头应垂直被测钢轨表面，每次测量接触时间不大于 3s。光电测温仪应轻拿轻放，以防探头损伤，若光电测温仪探头污染，及时用酒精清洗。

7. 焊缝粗磨、细磨和探伤、验收检验

1）焊缝粗打磨

粗磨应沿钢轨纵向打磨，钢轨打磨表面不应出现打磨灼伤，表面粗糙度应能够

满足探伤扫描的需要。焊接接头非工作面的垂直、水平方向错边应进行纵向打磨过渡。

2）钢轨四向调直

焊后矫直应在焊接接头热处理后进行，热态或冷态下矫直均可。焊接接头热态矫直温度应低于400℃，并预留上拱量；冷态矫直温度应低于50℃，矫后1m长度宜有0.3~0.5mm的上拱量。不宜反复多次矫直。

3）焊缝精打磨

（1）精磨前，焊接接头及两端1m范围内温度应在50℃以下。精磨的长度不应超过焊缝中心线两侧各450mm范围。

（2）应使用精磨机或仿形打磨机对焊接接头的轨顶面及轨头侧面工作边进行外形精整。外形精整应保持轨头轮廓形状。

（3）外形精整不应使焊接接头或钢轨产生任何机械损伤或热损伤。不应使用外形精整的方法纠正超标的平直度偏差和超标的接头错边。

4）钢轨焊头超声波探伤检查作业要求

（1）每个钢轨焊头均应进行超声波探伤检查。探伤时焊接接头的温度不应高于40℃。当焊接接头的温度高于40℃时，可浇水冷却，浇水冷却时的轨头表面温度应低于350℃。

（2）焊接接头中的缺陷当量大于探伤灵敏度规定值时，应判定焊接接头不合格（判废），即焊接接头中发现如下缺陷时应判废：

①双探头探伤时：轨底角（距轨底角20mm范围）大于等于$\phi 3$——6dB（比$\phi 3$平底孔反射波低6dB）平底孔当量，其他部位大于等于$\phi 3$平底孔当量。

②横波单探头探伤时：轨头和轨腰大于等于$\phi 3$长横孔当量；轨底大于等于$\phi 4$竖孔当量；轨底角（距轨底角20mm范围）大于等于$\phi 4$——6dB（比$\phi 4$竖孔反射波低6dB）竖孔当量。

③缺陷当量比探伤灵敏度规定的缺陷低3dB，但延伸长度大于6mm。

（3）经探伤检查不合格者应锯切重焊。

（4）探伤检验记录由工位作业人员每天填写，班后及时报技术室。在检验时，发现有不合格的焊头及时报工程部以确定处置办法。

8. 应力放散及锁定

（1）应力放散施工准备包括选择作业时间、测量轨温、安装撞轨器、安装拉伸器、分散作业人员及工具等。作业人员应均匀分布在单元轨节长度范围内，一般分6个小组，每小组负责200~300m线路的拆上扣件、垫取滚筒、撞轨、钢轨位移观测等工作。

（2）应力放散作业时，应根据测量轨温判断，当轨温在设计锁定轨温范围内时采用"滚筒放散法"，当轨温低于设计锁定轨温时采用"拉伸放散法"。

(3)滚筒放散法

①计算放散量。放散量按下列公式计算：

$$\triangle L = \alpha \times L \times (T_{SS} - T_P)$$

式中　$\triangle L$——放散量（mm）；

　　　α——钢轨线膨胀系数，$\alpha = 11.8 \times 10^{-6}$（℃$^{-1}$）；

　　　L——单元轨节长度（mm）；

　　　T_{SS}——实际锁定轨温（℃）；

　　　T_P——铺轨时的平均轨温（温轨时每300m一个轨温值，取各轨温的平均值）。

当实际锁定轨温低于铺轨平均轨温时，$\triangle L$为负值，即放散后单元轨节要短一截，此时需要准备一相应的短轨，放在单元轨节的未锁定端，作临时连接用。当实际锁定轨温高于铺轨平均轨温时，放散后则需锯轨。

②在单元轨节两端及中间每隔150m左右设一个应力放散位移观测点，观测钢轨在应力放散过程中相对于轨枕的移动量。观测点可设在轨底上表面或轨腰上。

③解除本单元轨节和与之焊连的无缝线路末端25～75m范围内的所有扣件约束。

④用起道机抬起钢轨，每隔15～20根轨枕在轨底放入一个滚筒，使得轨底高出橡胶垫20mm，处于自由伸缩状态。当实际锁定轨温高于铺轨平均轨湿时在单元轨节的末端30m范围内，每隔5m放置一个逐渐垫高的滚筒，使末端轨底高出橡胶垫180mm。

⑤直线上每隔350～400m、曲线及向上坡方向放散时每隔300m设一个撞轨点。

⑥用撞轨器撞击钢轨，同时观测各点的位移量变化情况。当钢轨位移发生反弹且各点位移变化均匀时，则视为钢轨达到自由伸缩状态，此时停止撞轨；应检查滚筒有无倾斜、脱落，钢轨有无落槽及撞击力不够等现象。

⑦确认单元长轨应力放散完毕后，若需锯轨则按锯轨操作程序锯轨，要求轨端不垂直度不大于0.8mm。

⑧撤掉滚筒，使长轨平衡地落入承轨槽内，同时检查橡胶垫，有错位者纠正。

⑨将作业人员均布在进行应力放散长轨范围内，测量并记录开始紧扣件时的轨温，同时进行紧扣件作业，每隔两根紧一根，无缝线路尾端25～75m范围内的扣件全部紧完，并上紧无孔钢轨接头（轨缝处仍用20mm左右的薄轨头片衬垫，以保持轨缝为25±2mm），此时视为长轨已锁定。记录此时轨温为结束时轨温，同时继续紧完其余全部扣件。

⑩计算锁定作业开始与结束时的平均轨温为实际锁定轨温，记录在案。同时在位移观测桩和轨腰（或轨底上表面）相对应处，作出清晰的、规范的记号。

(4) 拉伸放散法（综合放散法）

①计算拉伸量。长轨拉伸量按以下公式计算：

$$\triangle L = \alpha \times L \times (T_{ss} - T_d)$$

式中　$\triangle L$——放散量（mm）；

　　　α——钢轨线膨胀系数，$\alpha=11.8 \times 10^{-6}$（$℃^{-1}$）；

　　　L——单元轨节长度（mm）；

　　　T_{ss}——实际锁定轨温（℃）；

　　　T_d——锁定作业当时实测轨温（℃）。

②使钢轨处于自由伸缩状态，轨底高出橡胶垫20mm即可。

③在各观测点上做出拉伸位移的零点标记。

④测量长轨尾端与下一个单元轨节轨端之间的距离，扣除应留的轨缝宽度后，与计算的拉伸量对比，以最终确定锯轨量，并按锯轨的操作程序锯轨，轨端不垂直度小于0.8 mm。锯轨量按以下公式计算：

$$L_j = \triangle L - L_z + L_f$$

式中　L_j——锯轨量（mm）；

　　　$\triangle L$——计算拉伸量（mm）；

　　　L_z——长轨处于自由状态时，长轨尾端与下一个单元轨节轨端之距离（mm）；

　　　L_f——预留轨缝量（mm）。

⑤安装拉轨器，利用拉轨器和撞轨器共同作用，拉伸钢轨，同时观测各观测点拉伸位移的变化情况。拉伸量达到预定长度后，通知各观测点做出记号。此时撞轨器仍然继续作业，当各观测点在所做记号处出现反弹量（应力放散已均匀），停止撞轨，拉轨器保压，在锁定作业完成之前不得因拉轨器的失压而使轨端出现位移。

⑥撤除撞轨器及滚筒，使长轨平稳地落入承轨槽内，同时检查橡胶垫，有错位者立即纠正。

⑦将作业人员迅速均布到进行应力放散长轨的全长范围内，同时进行紧固扣件作业，每隔两根紧固一根，无缝线路尾端25～75m范围内的扣件全部紧完，并上紧无孔钢轨接头（轨缝处仍用20mm左右的薄轨头片衬垫，以保持轨缝为25±2mm），此时视为长轨已经锁定。继续紧完其余全部扣件。

⑧撤除拉伸器，复核长轨实际拉伸长度，换算出对应的实际锁定轨温值守该值若在计划锁定轨温范围内，则确认为实际锁定轨温，填入表内。否则锁定工作重新返工。

⑨作业过程中应及时填写"单元轨节应力放散及锁定作业记录表"。

(5) 设置位移观测标志

①在单元轨节的末端设临时位移观测零点，以观测钢轨末端位移回弹量，在放散下一根单元轨节时此点必须归零。

②设置正式位移观测桩零点标记。在位移观测桩与轨头外侧相对应处,作出清晰的、规范的标记,对现场位移观测桩编号标识。

③位移观测桩应按施工图设置。单元轨节起终点的位移观测桩宜与单元轨节焊接接头对应,纵向相错量不得大于30m。位移观测桩应与电务设备错开。

④位移观测桩也可利用线路两侧的接触网基础(杆)、线路基桩或在其他固定建筑物上设置。

9. 施工过程中监控一般工作方法

无缝线路的施工有很多道工序,有很多要点必须执行,但监理工程师不可能对每道工序,每个要点都进行验收签证,应该是在承包商(施工单位)自检合格的基础上由监理人员对一般工序进行抽检,对关键环节进行验收签证。

(1)正式焊轨前督促承包人对焊机进行模拟焊接过程运转检查是否正常。

(2)检查配轨计划是否符合设计图纸要求。

(3)检查焊轨作业人员是否经过培训,是否持证上岗。

(4)钢轨两端各500mm长度内除锈处理是否彻底,要求端面面垂直。

(5)接头对中,采用特制机具、物件,将钢轨调平、对齐,确保接头的平顺。

(6)巡视检查、旁站各作业点的操作人员的操作是否符合规定要求,严格检查是否用已确定的工艺参数焊接。

(7)焊后正火处理是否符合工艺要求:加温均匀,测温仪控制正火温度。

(8)精细打磨:采用打磨机纵向打磨,打磨后使之平顺圆滑,无棱角、突变、啃伤、低接头等缺陷。

(9)每根长轨焊完后,用专用直尺检查钢轨作用面是否平直,上下左右弯是否在规定范围内。轨脚是否平顺,如有打亏现象立即处理或返工。要求接头必须使用仿型打磨机精细加工外观,加工范围约60cm用1m直尺检查,轨顶面尺度不超过0 ~ +0.3mm,轨头工作边尺度不超过±0.3mm,并要求轨底打磨平整,轨底不允许有凹陷,凸出量不得超过0 ~ 0.5mm。

(10)每个接头都需经探伤,检查焊头不得有未焊透、过烧、裂纹、气孔、夹渣等有害缺陷,观察检查焊缝两侧不得有压痕、划伤等缺陷,焊头不得有电击伤。不合格的接头须锯断、重新焊接。同时检查、分析原因。周期性生产检验:每500个接头为一批,抽样检验。

(11)接头焊接、编号、试验、记录齐全。

10.2.3 事后质量控制

无缝线路经施工单位自检确认符合设计要求和有关规范、规程以及资料齐全后,方可进行施工验收。现场监理应督促施工单位并协助业主进行施工验收。

1)工程验收:如焊轨验收合格后才能进行应力放散及锁定等。

2）施工质量验收包括如下内容：

（1）工程材料检验标准

①位移观测桩式样、规格和材质应符合施工图要求。

②钢轨扣配件的类型、规格和质量应符合施工图及产品标准规定。

（2）过程控制标准

①无缝线路锁定应具备以下条件：

a. 按施工图要求已设置钢轨位移观测桩。

b. 施工轨温应在设计锁定轨温范围以内或以下时施工。

②无缝线路实际锁定轨温应控制在施工图锁定轨温范围内。

③无缝线路锁定时必须准确确定并记录锁定轨温。相邻单元轨节锁定轨温之差不应大于5℃，当速度大于160km/h时，不应大于3℃，当速度小于或等于160km/h时，不应大于5℃，同一区间内的单元轨节最高与最低锁定轨温之差不应大于10℃。

④单元轨节长度应满足施工进度和铺设时应力放散最佳效果的要求，以1000～2000m为宜，最短不得小于200m。

⑤胶垫应放正无缺损，扣件安装齐全，扣压力符合施工图要求。

3）无缝线路铺设及整道作业

（1）铺设前会同承包人检查线路轨道中心线、高程及轨道几何状态是否正确，督促承包人按规定埋设纵向位移观测桩，并进行观测。量测气温与轨温，调整轨缝，准备龙口轨。

（2）无缝线路铺设后，承包人进行整道，监理工程师检查轨道状态、轨距、水平方向等，特别检查是否复紧缓冲区接头螺栓及扣件螺栓上的螺帽，是否达到设计规定的扭矩。钢轨硬弯要矫直其矢度不超过规定值。

（3）线路锁定经强度和稳定性检算，无缝线路的锁定轨温应符合下列规定：

①高架线设计锁定轨温25～35℃。

②地下线设计锁定轨温20～30℃。

③地面线设计锁定轨温25～35℃。

（4）无缝线路的长度以道岔分界，仅在道岔前后各设一根缓冲轨，钢轨接头使用10.9级M24大六角螺栓和平垫圈，螺栓扭矩应达到900N·m，接头轨缝按设计预留，并做接头检查。

（5）轨温计在放散施工前先进行标定，而且随时与监理随身携带的轨温计核对，以求准确、真实。在放散过程中，每个轨温观测点不应少于3个轨温计，如发现个别轨温计误差较大（1℃以上）应予以更换。

（6）检测规定

①位移观测桩设置，施工单位、监理单位全部检查。

②锁定轨温测定及记录；左右股锁定温差，施工单位、监理单位全部检查。

③线路锁定后，钢轨纵向位移观测并记录，施工单位、监理单位全部检查。

④缓冲区钢轨接头螺栓规格、扭矩；接头处轨面错牙及轨缝误差，施工单位全部检查。

10.2.4 无缝线路监理验收检查控制标准

无缝线路竣工验收：有关轨道几何状态的验收必须遵照《铁路轨道工程施工质量验收标准》TB 10413—2018 的相关规定。有关无缝线路技术要求方面的验收见表 10-2。

无缝线路技术要求　　　　　　　　　　　　　　　　　　表 10-2

序号	项目	技术要求
1	锁定轨温	锁定轨温及长轨条始端、终端落槽时的轨温均在设计中和温度范围以内；左右两股长轨条锁定温差不超过 3℃
2	长轨条轨端相错量	长轨条轨端相错量不超过 40mm
3	联合接头距轨枕边缘距离	工地焊接联合接头，有焊瘤情况，距离轨枕边缘不小于 40mm
4	位移观测桩	埋设齐全、牢靠、观测位置清楚
5	无缝线路位移量	铺设后，5d 观测无缝线路纵向位移，伸缩区两端位移不得大于 20mm，中桩处位移不大于 5mm
6	钢轨硬弯	钢轨经过矫直，矫直后用 1m 直尺测量其矢度轨顶不超过 0～0.3mm，中桩处位移不大于 5mm
7	缓冲区钢轨接头螺栓	缓冲区钢轨接头使用 10.9 级 M24 大六角螺栓和平垫圈，数量齐全。螺栓涂油，螺栓扭矩达到 900N·m，不足者不超过 5%
8	扣件	胶垫和复合胶垫设置齐全，扣件螺母及锚固螺栓扭矩达到设计要求值
9	焊接接头	符合《钢轨焊接 第 1 部分：通用技术条件》TB/T 1632.1—2014 的规定
10	线路几何状态	符合线路大修验收标准

10.3 监理旁站点

监理旁站点如表 10-3 所示。

监理旁站点　　　　　　　　　　　　　　　　　　　　　表 10-3

旁站点	旁站内容	旁站要点	记录表
钢轨焊接、正火	从钢轨焊接、正火的全过程进行旁站	旁站各作业点的操作人员的操作是否符合规定要求	钢轨焊接、正火旁站记录表
		焊后正火处理是否符合工艺要求	
		加温均匀，测温仪控制正火温度是否符合要求	

钢轨焊接、正火旁站监理记录如表 10-4 所示。

钢轨焊接旁站监理记录表（正火） 表10-4

工程名称：

时间	年 月 日	天气情况	□晴□阴□雨 _____ ℃

长钢轨编号：		焊头区段：		钢轨厂家：		今日焊头数量：	
焊头编号	焊接起止时间	焊头编号	焊接起止时间	焊头编号	焊接起止时间

施工情况：
1. 正火阶段：加热温度（℃）_____；加热时间（min）_____
2. 接头错边测量：钢轨顶面纵向中心线的垂直方向（mm）_____；工作侧面轨顶面下16mm处的水平方向（mm）_____；轨角边缘的水平方向（mm）_____

监理情况：
1. 钢轨接头平直度（mm）：a_1 _____；b_1 _____；b_2 _____
2. 表面质量：不平度（mm）_____；轨顶面及轨头侧面工作边打磨深度（mm）_____；
外观质量 _____

发现问题：

处理意见：

项目监理机构：
旁站监理人员（签字）：
年 月 日

10.4　现场见证点

现场见证点如表 10-5 所示。

	现场见证点	表 10-5
序号	见证点	
1	钢筋焊接接头试验取样与送检	

10.5　无缝线路施工相关检查表

无缝线路施工相关检查表如表 10-6 所示。

无缝线路施工相关检查表		表 10-6
序号	检验批质量验收表格名称	验收频率
1	钢轨焊接检验批质量验收记录表	按区间验收
2	无缝线路锁定检验批质量验收记录表	按单元验收
3	整体道床无缝轨道整道检验批质量验收记录表	按区间验收

注：相关检查记录表参见当地建设统一管理用表要求。